Joseph Murphy

DER WEG ZU INNEREM UND ÄUSSEREM REICHTUM

Der Mensch ist, was er tagtäglich denkt oder genauer – so sagt es in philosophischer Weisheit und psychologischer Tiefgründigkeit ein Bibelwort – wie er »im innersten Herzen denkt«. Die Inhalte unseres Denkens und Glaubens gestalten unser Leben, steuern unser Schicksal, bestimmen unsere Zukunft. Dr. Joseph Murphy, der durch sein Schrifttum Millionen begeistert und zahllosen Menschen zu Gesundheit, Glück und Wohlstand im Leben verholfen hat, zeigt in diesem leichtverständlichen, von Prinzipien angewandter Psychologie ausgehenden Sachbuch, worauf es ankommt. »Indem Sie sich das Gute, Schöne und Wahre vergegenwärtigen und in freudiger Erwartung dieses Guten leben«, so sagt der große Lehrer positiven Denkens, »bringen Sie in Ihr Leben Freude und Fülle.« Und er gibt Ihnen einfache Methoden und Techniken an die Hand, mit deren Hilfe Sie zu einer lebensbejahenden, unfehlbar aufbauenden Lebenseinstellung zu finden und die angestrebten Ziele zu erreichen vermögen. Dieses begeisternde Buch praktischer Lebenshilfe zeigt, wie man ideellen Reichtum des Geistes erwerben und in ein Leben auch materieller Fülle umsetzen kann.

Das Schrifttum des dreifachen Doktors (der Religionswissenschaften, der Philosophie und beider Rechte) wurde in zahlreiche Weltsprachen übersetzt und von vielen Millionen Menschen gelesen. Hunderttausende haben seine Vorlesungen und öffentlichen Vorträge besucht. Der große Lebenslehrer positiven Denkens und Künder tätiger christlicher Menschenliebe lebte in Laguna Hills, Kalifornien, wo er im Dezember 1981 starb.

DR. JOSEPH MURPHYS HAUPTWERKE

in einmaliger Jubiläumsausgabe

Band 3

Der Weg zu innerem und äußerem Reichtum

Ihr Denken gestaltet Ihr Leben

ARISTON VERLAG · GENF/MÜNCHEN

Andere Werke aus dem Programm des Ariston Verlages
finden Sie am Schluß dieses Buches verzeichnet.

CIP-Titelaufnahme der Deutschen Bibliothek

MURPHY, JOSEPH:
(Hauptwerke)
Dr. Joseph Murphys Hauptwerke: in einmaliger
Jubiläumsausgabe. – Genf: Ariston Verlag
ISBN 3-7205-1545-1
NE: Murphy, Joseph (Sammlung)

Der Weg zu innerem und äußerem Reichtum: Ihr Denken
gestaltet Ihr Leben / [aus d. Amerikan. übertr. von Wolf-
gang Maier]. – 1989
NE: Künzel, Helga (Bearb.)

Aus dem Amerikanischen übersetzt und bearbeitet von Helga Künzel.

MIRACLE POWER FOR INFINITE RICHES
Original English language edition published by Parker Publishing Company

Printed in Austria 1989
ISBN 3 7205 1545 1
Band 3

Dr. Joseph Murphys Werke
im Ariston Verlag

- Die Macht Ihres Unterbewußtseins (Buch)
- Die Macht Ihres Unterbewußtseins
  (4 Langspielkassetten in Box)
- Das Wunder Ihres Geistes
- Die kosmische Dimension Ihrer Kraft
- Die unendliche Quelle Ihrer Kraft
- Gesetze des Denkens und Glaubens
- Energie aus dem Kosmos
- Das I-Ging-Orakel
- Der Weg zu innerem und äußerem Reichtum
- Dr. Joseph Murphys Vermächtnis

»Die Macht Ihres Unterbewußtseins« und »Das Wunder Ihres Geistes« sind auch in französischer Sprache im Ariston Verlag erschienen.

Inhaltsverzeichnis

EINFÜHRUNG

Was Sie aus diesem Buch schöpfen können

Bestimmt haben auch Sie sich schon mit einigen der nachstehenden Fragen beschäftigt:

- Warum ist der eine Mensch steinreich und der andere bettelarm?
- Wie kommt es, daß einer in seinem Geschäft Erfolg hat und der andere in der gleichen Branche scheitert?
- Warum wird ein Mensch, der um Reichtum betet, nicht erhört, wogegen ein anderer mit Beten sofort erstaunliche Ergebnisse erzielt?
- Wieso versucht jemand mehr als ein Jahr lang vergebens, sein Haus zu verkaufen, während sein Nachbar es in wenigen Tagen schafft?
- Weshalb erzielt ein Vertreter in einem bestimmten Gebiet hohe Abschlüsse und ein anderer im gleichen Gebiet so gut wie gar keine?
- Warum steigt ein Mensch die berufliche Erfolgsleiter empor, wogegen ein anderer sich sein ganzes Leben lang abplagt, ohne wirklich etwas zu erreichen?
- Was ist der Grund dafür, daß der eine genügend Geld hat, um seine Ziele zu verwirklichen, während der andere sich ständig »nach der Decke« strecken muß?
- Warum herrscht bei vielen frommen, gütigen Menschen immer Geldnot, und andere, ebenfalls fromme Menschen leben im Wohlstand?
- Wieso sind so manche freidenkerische Menschen, die sich um Gott nicht zu kümmern scheinen, erfolgreich, wohlhabend und kerngesund, und so manche freundliche, anständige und aufrichtig fromme Menschen arm und krank?

- Warum geben manche Menschen viel und erhalten nichts dafür, wogegen andere geben und reichen Lohn ernten?
- Weshalb lebt der eine in einem schönen, luxuriösen Bungalow im Grünen, wogegen der andere in einer baufälligen Ruine oder im Slumviertel haust?
- Aus welchem Grund werden die Reichen immer reicher und die Armen immer ärmer?
- Warum ist eine von zwei Schwestern glücklich verheiratet und zufrieden, die andere dagegen einsam, enttäuscht und verbittert?
- Weshalb wird der eine aufgrund seiner Überzeugungen reich und der andere ein Versager?

Die Antworten auf alle diese Fragen finden Sie in dem vorliegenden Buch, das Ihnen den Schlüssel zu den grenzenlosen Reichtümern unseres Universums und zur Fülle der Welt, in der wir leben, liefert. Wir Menschen sind hier auf Erden, um ein erfülltes, glückliches Leben zu führen, und dazu gehört auch, daß man genügend Geld hat, um seine Ziele verwirklichen zu können. Geld sollte in Ihrem Leben frei zirkulieren, und Sie sollten immer mehr Geld zur Verfügung haben, als Sie für Ihren Lebensunterhalt brauchen.

Wenn Sie die wunderbaren Gesetze des Denkens und Glaubens richtig anwenden, können Sie sofort Ergebnisse erzielen und ungeahnte Reichtümer in Ihr Dasein bringen. Es gibt einfache, leicht anwendbare Techniken und leicht durchführbare Programme, mit deren Hilfe Sie die Kunst, erfolgreich und glücklich zu sein, unverzüglich in die Praxis umzusetzen vermögen. In jedem der folgenden Kapitel werden Sie solche Programme und Techniken finden, und Sie werden genaue Anweisungen erhalten, wie Sie sich unendliche Reichtümer erschließen können. Anhand vieler Beispiele werden Sie erfahren, wie man als mittelloser Mensch in vermeintlich »aussichtsloser Lage« die Schatzkammer des Unterbewußtseins anzapft, dadurch den richtigen Platz im Leben findet und alle Reichtümer anzieht, die ein jeder von uns für ein erfülltes, glückliches Leben braucht.

Als ich dieses Buch schrieb, dachte ich an den Vertreter, den Busfahrer, die Hausfrau, die Sekretärin, den Geschäftsmann, den Schalterbeamten, den Studenten, den Assistenten, kurz, an alle, die Geld brauchen und es sich wünschen, um ihre Träume, Bestrebungen und Anliegen zu verwirklichen. Anhand der in diesem Buch beschriebenen einfachen und leicht anwendbaren Techniken wird es Ihnen ein leichtes sein, Ihr Unterbewußtsein richtig zu prägen; denn wenn Sie Ihrem Unterbewußtsein die Idee »Reichtum« richtig einprägen, werden Sie auf dem Bildschirm des Raumes die Realisierung Ihrer Idee erleben und wirklich reich sein. So einfach ist es, reich zu werden!

Die hier veröffentlichten Fallgeschichten betreffen Menschen, die in den Vereinigten Staaten von Amerika und in anderen Ländern leben (da meine Bücher außer in Englisch auch in vielen anderen Sprachen erscheinen). Diese Menschen wurden in Anwendung der hier zur Sprache kommenden Gesetze des Denkens und Glaubens sehr erfolgreich und wohlhabend. Ich sollte vielleicht hinzufügen, daß sich die meisten von ihnen zu einer Religion bekennen, daß unter ihnen aber auch Menschen sind, die sich als Atheisten ohne jedwede religiöse Überzeugung bezeichneten. Durch die Nutzung der in diesem Buch beschriebenen immensen geistig-seelischen Kräfte gediehen sie zu ihrem Besten, wurden sie zu neuen Menschen, die ihren neu erworbenen Reichtum dazu benutzten, ein erfülltes Leben zu führen und ihr Glück mit anderen zu teilen.

Soweit ich aus den Gesprächen mit ihnen oder aus ihren Briefen weiß, kommen sie aus allen Gesellschafts- und Einkommensschichten; einzelne waren sogar schon einmal bankrott gewesen. Und sie wurden wohlhabend oder verwirklichten ersehnte Lebensziele, einfach indem sie die Kräfte ihres Unterbewußtseins richtig nutzten. Das befähigte sie, sämtliche Hindernisse zu überwinden, vorwärtszugehen und ungeahnte Reichtümer zu erlangen.

Die Schatzkammer des unendlichen Geistes

Das vorliegende Buch versetzt Sie, wie gesagt, in die Lage, die grenzenlose, unerschöpfliche Schatzkammer des unendlichen Geistes, zu dem Sie über Ihr Unterbewußtsein Zugang haben, anzuzapfen. Sie werden erstaunt sein über die einfachen, klaren

Formeln und Techniken, die Sie in unserer Alltagswelt mühelos anwenden können.

Ein uralter menschlicher Aufschrei, den Sie sicher schon des öfteren zu hören bekamen, lautet: »Warum bete und bete ich und erhalte keine Antwort?« Viele Menschen bekommen sogar das genaue Gegenteil dessen, worum sie beten. Auf den nachfolgenden Seiten erfahren Sie die Gründe für diese Tatsache, und Sie erfahren, was Sie tun müssen, um Ihr Unterbewußtsein richtig zu prägen, so daß Sie zuverlässige Antworten erhalten. In der Schatzkammer Ihres Inneren, durch das Sie Zugang zum unendlichen Geist kosmischer Dimension haben, sind alle jene Reichtümer vorhanden, die Sie für ein wahrhaft glückliches, erfülltes, heiteres Leben benötigen – seelische, geistige und materielle Reichtümer. Sie können sie im Leben verwirklichen. Gott gibt uns *reichlich, allerlei zu genießen* (1. Timotheus 6, 17).

Einige besonders beeindruckende Erfolgsfälle

Nachstehend möchte ich einige Fälle herausstellen, die Sie anspornen und beflügeln sollen; denn sie zeigen, welche verblüffende Erfolge vom Leben enttäuschte, kranke oder mittellose Menschen durch positive Einstimmung ihres Unterbewußtseins auf die universellen Realitäten des Geistes erzielten.

- Wie ein vor dem Ruin stehender Ingenieur den Bann brach und schon nach einigen Tagen eine hohe Vorauszahlung bekam, die seine sämtlichen Probleme löste (Seite 31).
- Wie eine Tochter sich die unendliche Heilgegenwart vergegenwärtigte und ihrer Mutter eine »Glaubens- und Vertrauenstransfusion« gab und so eine wunderbare seelische und körperliche Genesung der alten Dame auslöste (Seite 32).
- Wie eine junge Maklerin dank eines Vorstellungsbildes von Erfolg und Reichtum Kunden und mit ihnen Wohlstand geradezu anzog (Seite 34).
- Wie sich ein Bankier geistig und gefühlsmäßig ruhigstellte und intuitiv wertvolle Aufschlüsse für sich und seine Kunden erhielt (Seite 147).

- Wie eine Psychologin, die in einem Prozeß ihr Erbe zu verlieren schien, durch richtige Einstimmung ihres Unterbewußtseins den Sieg davontrug (Seite 37).
- Wie eine Fremdsprachenkorrespondentin eine »Schatzkarte« zeichnete, aus heiterem Himmel fünfzigtausend Dollar bekam, eine Weltreise machte und ihr Eheglück fand (Seite 103).
- Wie eine Witwe, die ein Jahr lang vergeblich versucht hatte, ihr Haus zu verkaufen, mittels der in diesem Buch beschriebenen Techniken nach drei Tagen einen Käufer fand und genau den gewünschten Preis erzielte (Seite 107).
- Wie eine arbeitslose Schauspielerin mit Hilfe gezielten Denkens und Glaubens die »Filmrolle ihres Lebens« erhielt (Seite 108).
- Wie ein Zigarrenverkäufer kraft einfacher Vorstellungstechnik zu einer Ölquelle und innerhalb von wenigen Monaten zu einem Vermögen kam (Seite 110).
- Wie ein Verkäufer mit denkbar schlechten Zukunftsaussichten zum hochbezahlten Verkaufsdirektor eines namhaften Unternehmens avancierte, indem er die in diesem Buch beschriebene Technik bildhaften Vorstellens anwandte (Seite 91).
- Wie eine junge Spanierin mit Hilfe dieser Technik zu zweitausend Dollar kam und mit ihrer Mutter die ersehnte Mexikoreise machen konnte (Seite 92).

Es gibt einen folgerichtig zielführenden, dabei einfach begehbaren wissenschaftlichen Weg, auf dem Ihnen die guten Dinge des Lebens zufallen. Sie können soviel Geld erlangen, wie Sie für sich und Ihre Familie benötigen, und mehr. Ich versichere Ihnen, daß Sie bei gewissenhafter Anwendung der in dem vorliegenden Buch empfohlenen Methoden nicht nur säen, sondern auch ernten und ein wahrhaft reiches, glückliches Leben führen werden. Dies steht außer Frage!

Lassen Sie sich von diesem Buch führen. Lesen Sie es immer wieder, befolgen Sie die Anweisungen genau, und Sie werden die Tür zu einem besseren, schöneren und wirklich befriedigenden Leben aufstoßen. Gehen Sie von nun an im Lichte eines neuen, leicht anwendbaren Wissens vorwärts, bis der Tag anbricht, den Sie ersehnen, bis alle Schatten der Angst, auch der Furcht vor Fehlschlägen, fliehen. Dann werden Ihnen Wunder über Wunder zuteil, und Sie werden zu dem ideell und materiell reichen Menschen, der Sie schon immer sein wollten.

KAPITEL 1

Das große Geheimnis der Wunderkraft

Der Mensch bekam von Gott das Geburtsrecht verliehen, in jeder Beziehung reich zu sein Dies bedeutet, daß Sie auf Erden sind, um in allen Bereichen größtmögliche Lebensfülle zu erlangen. Sie sind dazu da, ein schönes, glückliches und heiteres, mit anderen Worten, ein wirklich erfülltes Leben zu führen. Es ist Ihr Anrecht und der eigentliche Sinn Ihres Daseins.

Erkennen Sie, daß die mit unermeßlichen Reichtümern angefüllte Schatzkammer des Unendlichen sich in den Tiefenschichten Ihres eigenen Unterbewußtseins befindet. Beginnen Sie damit, in dieser »Goldmine« zu schürfen, und fördern Sie alles zutage, was Sie brauchen – nicht nur Geld, sondern auch Schönheit, Freude, Gefährten und eine Wohnstatt Ihres Glücks. Alle Wohltaten und Segnungen des Lebens sind in Ihrer Reichweite; was immer Sie sich wünschen, Sie können es erhalten, wenn Sie das »Knowhow« kennen.

Mein alter Freund Dave Howe erzählte mir von zwei Geologen, die in der gleichen Stadt aufgewachsen waren und dasselbe College besucht hatten. Einer der beiden wußte Bescheid über die seelisch-geistige Schatzkammer in seinem Inneren; der andere, ein eingefleischter, materialistisch orientierter Fachwissenschaftler, kannte sie nicht. Dieser Fachwissenschaftler, der im übrigen ein tüchtiger Geologe war, suchte drei Wochen lang mit den modernsten Geräten in einem abgelegenen Bezirk von Utah nach Bodenschätzen und fand nichts. Der andere Geologe setzte seine Arbeit zusätzlich zur technischen mit der richtigen geistigen »Ausrüstung« fort und stieß binnen kürzester Zeit auf eine Uran- und eine Silberader.

Wo lagen diese Schätze nun eigentlich? Sie lagen im Denken und Glauben des Geologen: Er glaubte an sein unterbewußtes Führungsprinzip und war zutiefst überzeugt, dieses Führungsprinzip werde ihn zu den verborgenen Bodenschätzen geleiten.

Der Schlüssel zum größten Geheimnis der Welt

Manche Menschen halten Weltraumreisen oder die Kernspaltung für das größte Geheimnis der Welt. Und neulich meinte ein Mann im Verlauf eines mit mir geführten Gesprächs, das größte Geheimnis sei genetischer Art, und es stehe kurz vor der Lösung, denn in Bälde könne man dank der Errungenschaften moderner Wissenschaft die grundlegenden menschlichen Gene verändern und »so viele Einsteins, Beethovens oder Edisons erzeugen, wie man will«.

Dieser Mann hatte nicht begriffen, daß dem Menschen der lebendige Geist – Geist von seinem Geist: Gott – innewohnt, der unveränderlich ist, immer war und ewig gleich ist. Der Mensch besteht wahrhaftig nicht nur aus dem Körper oder aus ererbten Merkmalen oder Anlagen und läßt sich – geistfern – nicht auf die Summe aller Erbfaktoren reduzieren.

Verändern kann sich der Mensch allerdings grundlegend, und zwar durch die Änderung der Inhalte seines Denkens und Glaubens. ... *verändert euch durch Erneuerung eures Sinnes* (Römer 12, 2).

Dies ist der Schlüssel zum wirklich größten Geheimnis der Welt, das lautet: Das Reich Gottes befindet sich im Menschen. Das bedeutet, daß in seinem eigenen Unterbewußtsein unendliche Weisheit, grenzenlose Kraft, unerschöpfliche Liebe und die Lösung für jedes Problem beschlossen sind.

Der Mensch sucht überall, nur nicht in sich selbst, nach dem größten Geheimnis der Welt. Beginnen Sie jetzt gleich damit, die ungeheuren Kräfte in Ihrem Inneren anzuzapfen, dann werden Sie Glück und Erfüllung erfahren – dank *Gott, der uns dargibt reichlich, allerlei zu genießen* (1. Timotheus 6, 17). *Der Herr sagt: Ich bin gekommen, daß sie das Leben und volle Genüge haben sollen* (Johannes 10, 11).

Das Recht auf Reichtümer spiritueller und materieller Art

Es ist ganz normal und natürlich, daß Sie sich Wohlstand, Erfolg und Anerkennung wünschen. Sie sollten genügend Geld haben, um tun zu können, was Sie gerne tun möchten. Armut ist keine Tugend, sondern eine seelisch-geistige Krankheit, die ausgemerzt gehört. Reichtum ist zunächst und vor allem einmal ein Geisteszustand, genau wie Armut. Wir werden beispielsweise die Slums und Armenviertel auf unserer Erdkugel erst beseitigen können, wenn wir im Geiste der Menschen die Bewußtheit und den Glauben an die Notwendigkeit von Mangel und Not ausgeräumt haben.

Bei meinen Beratungsgesprächen höre ich immer wieder den Satz: »Alle meine Probleme ließen sich mit ein paar Tausendern lösen.« Menschen, die sich in finanziellen Engpässen befinden, wissen nicht, daß Wohlstand der Ausdruck einer bildhaften Vorstellung ist und daß sie, wenn sie ihr Unterbewußtsein mit Hilfe der in diesem Buch beschriebenen einfachen Techniken wirksam einsetzen, einen Zustrom ungeahnter Reichtümer erleben werden. Dies gilt natürlich genauso für Menschen, die an irgendeinem geistigen oder seelisch-gefühlsmäßigen Mangel leiden.

Es ist Ihr Recht und das Recht Ihrer Angehörigen, gute Nahrung, schöne Kleider, ein gemütliches, mit allem Komfort ausgestattetes Zuhause und das nötige Geld für die angenehmen Dinge des Lebens zu haben; es ist ihr gottgegebenes Recht, erfolgreich und glücklich zu sein. Notwendig für Ihr Gedeihen ist lediglich, daß Sie sich täglich die Zeit zum Meditieren oder – und das ist die schönste und wirksamste Art des Meditierens – zum Beten nehmen und sich dabei im Zustand völliger Entspannung Ihre Ziele vergegenwärtigen. Gedeihen bedeutet, daß Sie vorankommen, und zwar geistig, spirituell wie auch intellektuell, seelisch, gesellschaftlich, wirtschaftlich, materiell – kurz, auf der ganzen Linie.

Er entdeckte die Macht seines Unterbewußtseins

Vor einiger Zeit führte ich ein Beratungsgespräch mit einem Mann, der, wie er meinte, von einer »Pechsträhne« heimgesucht wurde. Auf seinem Haus lastete eine hohe Hypothek, und er hatte nicht genügend Geld, um die Hypothekarzinsen zu bezahlen und zugleich für den notwendigsten Lebensunterhalt seiner Familie aufzukommen. Die Arztrechnungen für seine Familie beglich zum Beispiel sein Bruder. Der Mann versuchte seit Jahren einen Teil seines Grundstückes zu verkaufen; aber niemand wollte es haben. Er empfand sein Leben als »verpfuscht«.

Ich erklärte ihm, daß die seinem Unterbewußtsein innewohnende unendliche Weisheit ihm immer alles enthüllen könne, was er wissen müsse, daß sie ihm Inspirationen, neue schöpferische Ideen und natürlich auch die Lösung seiner finanziellen Probleme eingeben und ihn unfehlbar an seine Ziele führen könne. Wenn er seinem Unterbewußtsein die richtigen Vorstellungen einpräge, so sagte ich ihm, werde es ihm zu soviel Geld verhelfen, wie er brauche, um finanzielle Unabhängigkeit zu erlangen und seine Sorgen ein für allemal los zu sein.

Ich empfahl ihm, sich Reichtum und Erfolg bildhaft vorzustellen. Er stimmte mir darin bei, daß es überall Reichtümer gab und daß er dazu geboren war, im Auf und Ab des Lebens zu siegen, weil die ihm innewohnende unendliche Kraft nicht scheitern kann.

Wie ich ihm geraten hatte, entspannte er sich nun jeden Abend, stellte sich geistig und gefühlsmäßig ruhig und sagte langsam, voll tiefem Gefühl und Verständnis: »Reichtum, Erfolg; Reichtum, Erfolg.« Mit der durch diese Schlagwörter geweckten bildhaften Vorstellung von Reichtum und Erfolg sank er allabendlich in den Schlaf. Er glaubte zutiefst, daß alles, was er seinem Unterbewußtsein einprägte, vergrößert auf dem Bildschirm des Raumes – das heißt in seinem Leben – sichtbar zutage treten würde.

Auf diese einfache Art prägte er vor dem Einschlafen dem Unterbewußtsein seine letzten wachbewußten Gedanken ein. Jeden Abend, wenn er sich »Reichtum und Erfolg« suggerierte, aktivierte er die schlummernden Kräfte seines Unterbewußtseins. Diese mußten sich schließlich freisetzen, weil die Gesetze des Denkens und Glaubens ebenso zwingend sind wie Naturgesetze. Wer so denkt, wird von innen heraus gezwungen, in seinem Leben Reichtum und Erfolg sichtbar zum Ausdruck zu bringen. Unser Unterbewußtsein – das Göttliche im Menschen – ist unsere beste Versorgungsquelle; und es steht fest, daß es den Menschen, der es nutzt, nie im Stich läßt, daß es seine Bedürfnisse ungeachtet äußerer Umstände erfüllt – sehr oft auf überraschende Weise.

So auch im Fall dieses Mannes. Aus heiterem Himmel erhielt er ein Angebot über fünfundzwanzigtausend Dollar für den Teil seines Grundstücks, den er seit zehn Jahren besaß und seit Jahren vergeblich zu verkaufen versucht hatte. Nun wurde das Grundstück für ein neues Bauvorhaben gebraucht, und weil mit dem Bau sofort begonnen werden sollte, bot man ihm diesen ausgezeichneten Preis. Zwei Wochen nach dieser glücklichen Wendung fand er auch eine neue Anstellung, durch die er als Abteilungsleiter in einem Großspeditionsunternehmen mehr als das Doppelte seines früheren Gehaltes verdiente.

Dieser Mann hatte entdeckt, daß es in seiner Umgebung – wie in seinem eigenen Inneren – ungeahnte Reichtümer gibt. Kraft Denkens und Glaubens hatte er die Verbindung zur Schatzkammer des unendlichen Geistes hergestellt.

Die Ihrem Unterbewußtsein innewohnende unendliche Weisheit kann *für* Sie nur tun, was sie *durch* Sie zu tun vermag. Ihr Denken, Glauben und Fühlen beherrschen Ihr Schicksal.

Sie glaubte zutiefst, was sie dachte

Eine Witwe, die jeden Morgen meine Rundfunksendung hört, schrieb mir vor kurzem einen sehr schönen Brief. Ihr Mann war vor einem Jahr gestorben. Zu seinen Lebzeiten hatte er es nicht für notwendig erachtet, irgendeine Versicherung abzuschließen, so daß sie mit ganzen fünfhundert Dollar, drei noch kleinen Kindern und einem durch eine Hypothek bis an die Grenze des Tragbaren belasteten Haus dagestanden war. Freunde mußten sogar das Begräbnis ihres Mannes bezahlen.

Die Frau schrieb: »Ich hörte Sie im Radio aus der Bibel zitieren: *Mein Gott aber fülle aus alle eure Notdurft nach seinem Reichtum in der Herrlichkeit*... (Philipper 4, 19). Sie sprachen ausführlich darüber und sagten: Wenn wir uns auf das Unendliche in uns einstimmen und in unserem Herzen glauben, wird die göttliche Gegenwart, was immer wir zu unserem Segen, unserem Trost oder unserer Inspiration brauchen, unweigerlich reagieren, wie es geschrieben steht: ... *ehe sie rufen, will ich antworten; wenn sie noch reden, will ich hören* (Jesaja 65, 24). Ich setzte mich hin und überließ mich dem Gedanken, Gott werde alle meine Bedürfnisse erfüllen und mein Gebet hören. Dieser Gedanke erfüllte mich ganz. Ich glaubte zutiefst, was ich dachte. Und mit einemmal überkam mich ein starkes Gefühl des Friedens und der Harmonie. Etwa zwei Stunden später spazierte mein Schwager zur Tür herein und sagte, er wisse von meiner mißlichen Lage und sei im Bilde über die Verschwendungssucht und die kostspieligen Extravaganzen seines verstorbenen Bruders.«

Der Mann erklärte seiner Schwägerin, er wolle für sie und ihre drei Kinder sorgen und sicherstellen, daß künftig niemand von ihnen die Annehmlichkeiten eines geregelten Lebens entbehren müsse. Er gab der Witwe sofort einen Barscheck über zehntausend Dollar, und anschließend arrangierte er, daß der Frau auf Lebzeit jeden Monat ein bestimmter Betrag als Leibrente überwiesen wurde.

Die Witwe hatte erkannt, daß Gott alle ihre Bedürfnisse erfüllt und daß die Lösung eines jeden Problems in ihr vorhanden ist. Dank ihres Denkens und Glaubens wurde sie des Göttlichen in ihr gewahr und der Gaben dieser unerschöpflichen Schatzkammer, über die jeder Mensch verfügt, teilhaftig.

Er trug den Schlüssel zu Erfolg und Ansehen in sich

Ein junger Rechtsanwalt, der mehrere Prozesse verloren hatte, war der Verzweiflung nahe. Er bezweifelte seine Fähigkeiten und rieb sich in Selbstkritik und Vorwürfen auf. Zu allem Übel hatte er infolge von Fehlinvestitionen auch noch finanziell Rückschläge erlitten und war in beträchtliche Schulden geraten.

Ich machte dem Mann klar, daß die Inhalte seines Denkens und Glaubens schöpferisch wirken und daß die sein Leben bestimmenden Zustände, Ereignisse und Erfahrungen ein genaues Spiegelbild seines gewohnheitsmäßigen Denkens, insbesondere seiner bildhaften Vorstellungen, sind. Aufgrund seines destruktiven Denkens habe er in seinem Leben Mangel und Einschränkung geschaffen, erklärte ich ihm; wenn er sich aber statt dessen regelmäßig und systematisch Vorstellungsbilder inneren Friedens, des Erfolgs und rechten Handelns vergegenwärtige und sich tief überzeugt als die neue Persönlichkeit, die er sein wolle und sich vorstelle, fühle, dann würden sich diese Denkinhalte in derselben naturgesetzlichen Folgerichtigkeit in seinem Leben verwirklichen.

Es ist tatsächlich wie in der Natur: Der Mensch erntet keine Trauben von Dornbüschen, keine Feigen von Disteln. Für den Menschen gilt wie ein Naturgesetz, daß sein Leben genau dem entspricht, was er den ganzen Tag über denkt. Und es ist eine wunderbare Wahrheit, daß positives, das heißt lebensbejahendes, aufbauendes Denken mächtiger ist als alle widrigen Lebensverhältnisse und -umstände. Dies bedeutet, daß alles, was Sie sich voll Gefühl und Überzeugung vorstellen, für Sie das erzeugt, was Sie als Erfahrung erleben wollen.

Ich empfahl dem Anwalt einen konkreten Meditationstext. Er solle sich, sagte ich ihm, immer wieder ins Gedächtnis rufen, daß in seinem Unterbewußtsein alle Schätze des Unendlichen beschlossen sind, sich drei- bis viermal täglich entspannen und langsam, ruhig, gefühlvoll beten:

»Heute ist der Tag des Herrn. Ich entscheide mich für Harmonie, Erfolg, Wohlstand, Sicherheit und gottgefälliges Handeln. Die mir innewohnende unendliche Weisheit Gottes offenbart mir den Weg, auf dem ich Besseres, täglich immer Besseres leiste.

Ich bin ein seelisch-geistiger Magnet: Ich ziehe unwiderstehlich Frauen und Männer an, die durch meinen Rat und meine in ihrem Interesse getroffenen Entscheidungen gesegnet, getröstet und zufriedengestellt werden. Ich werde den ganzen Tag über durch das Göttliche in mir geführt, und alles, was ich tue, gelingt mir. Göttliche Gerechtigkeit, göttliche Ordnung und göttliche Fügung beherrschen alle meine Unternehmungen, und was ich beginne, führt zum Erfolg.

Ich kenne die Gesetze des Geistes und bin mir voll bewußt, daß diese Wahrheiten, indem ich sie mir vergegenwärtige, in mein Unterbewußtsein sinken und sich ihrem Inhalt getreu verwirklichen werden. Es ist wunderbar.«

Der Anwalt solle, so bat ich ihn, besonders darauf achten, daß er innerlich nicht bezweifle, was er behaupte. Und wenn ihn Angst oder Selbstkritik anwandeln würde, dann solle er sofort bekräftigen: *Der Herr ist mein Hirte; mir wird nichts mangeln* (Psalm 23, 1).

Im Laufe der nächsten Jahre brachte es der junge Mann zu großem Erfolg und Ansehen. Heute ist er ein bekannter Verteidiger in Strafsachen und Fachschriftsteller auf dem Gebiet des internationalen Strafrechts.

Wenn Ihre Gedanken die Gedanken Gottes sind, dann ist die Kraft Gottes in Ihrem Inneren und gebiert die wundervollen Gedanken an das Gute.

Ein Grundstücksmakler machte sein Glück

Nach einem meiner sonntäglichen Vorträge kam ein Immobilienmakler zu mir und bat mich um Hilfe. Er sagte, seine Geschäfte gingen rapide zurück, und er verstricke sich immer tiefer in Schulden, weil er hohe finanzielle Verpflichtungen eingegangen sei. Schon seit acht Monaten habe er kein Grundstück oder Haus mehr verkauft.

In dem Gespräch mit ihm stellte sich bald heraus, daß er die Verkaufspraktiken und das Vorgehen anderer Makler heftig kritisierte, und zwar größtenteils aus Neid und Eifersucht, weil diese »Konkurrenten« fast täglich Geschäfte abschlossen. Ich führte ihm vor Augen, daß Neid und Eifersucht ihn regelrecht arm machten; ich erklärte ihm, daß eine solche negative Geistes- und Gefühlshaltung Mangel, Eingeschränktheit und Elend in sein Leben bringen mußte, weil solches Denken und Fühlen destruktive Folgen habe und dadurch alles, was er dachte und anderen wünschte, in seinem eigenen Leben Niederschlag fand. Jeder Mensch ist in seiner Welt der einzig maßgebende Denker und allein verantwortlich für die Art, wie er über sich selbst und über andere denkt. Denn der Inhalt seines Denkens gestaltet sein Leben.

Der Makler änderte seine Einstellung; er begann seinen Kollegen aufrichtig Erfolg, Wohlstand und alle Wohltaten des

Lebens zu wünschen. Nachstehendes Gebet verhalf ihm zu seiner neuen Lebenseinstellung:

»Ich bin ein Kind Gottes, und seine Reichtümer strömen mir frei, ungehindert, aus unversiegbarer Quelle zu. Ich werde in jeder Weise täglich bereichert. Ich bringe es zu Erfolg, Glück, Wohlstand. Ich erziele glänzende Verkaufsergebnisse. Ich zapfe jetzt die reichen Quellen meines Unterbewußtseins – des Göttlichen in mir – an, und die Folgen werden wunderbar sein. Ich weiß, daß ich ernten werde, was ich säe, denn es steht geschrieben: *Was du wirst vornehmen, wird er dir lassen gelingen; und das Licht wird auf deinem Wege scheinen* (Hiob 22, 28).«

Heute ist der Mann Verkaufsleiter und lehrt andere, wie man klug, weise und konstruktiv verkauft.

Eine Meditationshilfe zur Entfaltung aller Kräfte

Wenn Sie die nachfolgende Meditationsübung konsequent durchführen, dann wird sie Ihnen helfen, all jene Hürden zu nehmen, die einem erfüllten, reichen Leben im Wege stehen.

»Ich weiß, daß ›gedeihen‹ bedeutet, allumfassend zu wachsen. Gott läßt mich jetzt seelisch-geistig sowie körperlich und materiell, kurz, auf der ganzen Linie gedeihen. Gottes Kraft entfaltet sich unaufhörlich in mir und entwickelt durch mein Unterbewußtsein Ideen, die mir Gesundheit, Wohlstand und vollkommene göttliche Selbstverwirklichung angedeihen lassen.

Ich erbebe innerlich, und ich fühle, wie das Leben Gottes mein ganzes Sein erfaßt. Ich weiß, daß das Göttliche mich jetzt erfüllt und stärkt. Strahlende Gesundheit und vitale Energie sind der äußere Ausdruck meiner inneren Kraft.

Mein Beruf ist eine göttliche Aktivität und kann deshalb für mein Wohlbefinden nur erfolgreich und gedeihlich sein. Ich stelle mir vor und fühle, daß in meinem Körper, meiner Seele, meinem Geist innere Unversehrtheit wirkt. Ich danke und freue mich an meinem erfüllten, reichen Leben.«

Zusammenfassung

1. Der Mensch ist hier auf Erden, um ein reiches Leben zu führen, ein Leben voll Glück, Freude, Gesundheit und Erfüllung. Es ist Ihr Anrecht und der eigentliche Sinn Ihres Daseins. Beginnen Sie damit, die Reichtümer der seelisch-geistigen Schatzkammer in Ihrem Inneren freizusetzen, jetzt gleich!

2. Die wirklichen Reichtümer liegen in Ihrem Unterbewußtsein. Ein Geologe, der an sein unterbewußtes Führungsprinzip glaubte, stieß binnen kürzester Zeit auf eine Uran- und eine Silbermine; sein Kollege dagegen, der sich ausschließlich auf modernste Geräte verließ, fand innerhalb dreier Wochen intensiven Suchens nichts.

3. Das größte Geheimnis der Welt lautet, daß dem Menschen der lebendige Geist – Geist von seinem Geist: Gott – innewohnt. Doch die meisten Menschen suchen überall, nur nicht in sich selbst, nach Erfolg, Glück, Reichtum und Erfüllung. Gott ist das Lebensprinzip, die unendliche Weisheit und die grenzenlose Kraft im Menschen und wirkt in uns allen über den Weg unseres Denkens und unserer Vorstellungsinhalte.

4. Armut ist eine seelisch-geistige Krankheit, denn Glauben an Armut und Mangel kann nur Einengung und Knappheit hervorrufen. Reichtum dagegen ist zunächst und vor allem einmal – ebenso wie Armut – ein Geisteszustand. Glauben Sie an ein auf der ganzen Linie reiches Leben, und Sie werden es empfangen. Vor der Beseitigung der Slums und der Armenviertel in unseren Großstädten beispielsweise muß daher die Notwendigkeit stehen, die Bewußtheit und den Glauben an die Notwendigkeit von Mangel und Not im Geiste der Menschen auszuräumen.

5. Sie können die Schätze Ihres Unterbewußtseins anzapfen, indem Sie um Erfüllung, Reichtum, Sicherheit und richtiges Tun beten. Machen Sie es sich zur Gewohnheit, über diese Wahrheiten zu meditieren, und Ihr Unterbewußtsein – das Göttliche im Menschen – wird entsprechend reagieren. Wenn Sie sich jeden Abend vor dem Einschlafen entspannen und geistig und gefühlsmäßig die Vorstellung von »Reichtum und Erfolg« Ihrem Unterbewußtsein zuführen, dann aktiviert diese Suggestion die schlummernden göttlichen Kräfte in Ihnen. Diese setzen sich frei, und aus Ihrem Inneren heraus werden Sie geradezu gezwungen sein, in Ihrem Leben Reichtum, Erfolg und Wohlstand sichtbar zum Ausdruck zu bringen.

6. Die Ihrem Unterbewußtsein innewohnende unendliche Weisheit kann nur durch Sie selbst für Sie wirksam werden. Ihr Denken, Glauben und Fühlen beherrschen Ihr Schicksal. Wenn Sie glauben,

daß die Ihrem Unterbewußtsein innewohnende unendliche Weisheit von Natur aus auf Ihre Bitten reagiert, werden Sie immer eine Antwort erhalten – oft in ungeahnter Weise.

7. Ihre Gedanken sind schöpferisch und bestimmen somit Ihr Handeln. Gedanken an Beförderung, Wohlstand, Expansion und Erfolg verwirklichen sich – vorausgesetzt, Sie glauben an das, was Sie denken. Tun Sie das nicht, so handeln Sie, als würden Sie Säure und Lauge mischen, die sich bekanntlich neutralisieren. Halten Sie konsequent an Ihren positiven Gedanken fest, denn Gedanken sind Kräfte. Was immer Sie denken, ziehen Sie an, und was immer Sie sich vorstellen, werden Sie. Denn der Inhalt Ihres Denkens gestaltet Ihr Leben.

8. Achten Sie darauf, daß Sie andere nicht um Erfolg oder Wohlstand beneiden. Ihr Denken ist schöpferisch, und wenn Sie gegenüber wohlhabenden oder erfolgreichen Menschen kritisch, neidisch oder eifersüchtig sind, machen Sie sich selbst in allen Bereichen arm. Was Sie über andere denken, das erzeugen Sie unweigerlich in Ihrem eigenen Leben.

9. Was Sie wirklich als wahr empfinden und wofür Sie sich kraft Ihres Glaubens und Ihrer Überzeugung entscheiden, das trifft auch ein. Entscheiden Sie sich daher für Gesundheit, Schönheit, Sicherheit, Wohlstand und rechtes Handeln. *Was du wirst vornehmen, wird er dir lassen gelingen; und das Licht wird auf deinem Wege scheinen* (Hiob 22, 28).

10. Führen Sie die angegebene Meditationsübung konsequent durch, um zu einem reichen, erfüllten Leben zu gelangen.

KAPITEL 2

Wie Sie die Wunderkraft anzapfen

Im Neuen Testament heißt es: *Wenn du könntest glauben! Alle Dinge sind möglich dem, der da glaubt* (Markus 9, 23).

Glauben bedeutet, etwas als wahr zu akzeptieren. Die Wahrheiten Gottes geben Ihnen Kraft, wenn Sie seelisch-geistig zutiefst von deren Wirklichkeit überzeugt sind. Dazu gehört viel mehr als nur verstandesmäßige oder theoretische Zustimmung. Es bedeutet, daß Sie die Wahrheit dessen, das Sie behaupten oder bekräftigen, in Ihrem Inneren intensiv spüren müssen. Es bedeutet, an die Ihnen innewohnende unendliche Weisheit Gottes zu glauben, die entscheidet, ob das Leben eines Menschen von Erfolg geprägt ist oder von Fehlschlägen, von Gesundheit oder Krankheit, Glück oder Unglück, Freude oder Trauer, Reichtum oder Armut. Reichtum ist ein Geisteszustand, genau wie Armut.

Wahrhaft reich sind Sie, wenn Sie mit Ihrer seelisch-geistigen Kraft vertraut sind. Wahrhaft reich sind Sie, wenn Sie wissen, daß Ihr Denken schöpferisch ist, daß Sie anziehen, was Sie denken, fühlen, glauben, und daß Sie zu dem werden, was Sie sich vorstellen. Wahrhaft reich sind Sie, wenn Sie den schöpferischen Prozeß kennen, der das Göttliche in Ihnen auslöst, das heißt, wenn Ihnen bewußt ist, daß alles, was Sie Ihrem Unterbewußtsein einprägen, als Form, Funktion, Erfahrung oder Ereignis auf dem Bildschirm des Raumes sichtbar wird, also in Ihrem Leben geschieht.

Er spürte innere Schätze auf

Ein junger Ingenieur beklagte sich bei mir: »Ich bin in einer mißlichen Lage. Zwar bete ich ständig, doch ich komme nirgends hin.«

Ich machte ihm klar, daß sein Beten nur dann Sinn habe, wenn er an die Lösung seines Problems durch die unendliche Weisheit seines Unterbewußtseins glaube. Außerdem, so sagte ich, könne er den Bann seines angeblichen Festgefahrenseins brechen, wenn er zweimal täglich für jemand anderen bete, beispielsweise für einen kranken Nachbarn oder eine unglückliche Bekannte. Überdies empfahl ich ihm, um Freude zu beten: »Die Freude am Herrn ist meine Stärke, denn ich weiß, daß Freude der wahre Lebenselan und der eigentliche Ausdruck des Lebens ist.« Und ich riet ihm, gegenüber dieser seiner neuen Einstellung nach Möglichkeit keinen Zwang anzuwenden.

Einige Tage später erhielt der Ingenieur unverhofft die perfekte Lösung seiner Probleme. Er berichtete mir: »Ich war nahe daran, alles zu verlieren, da griff mir ein Freund unter die Arme und gab mir einen Vorschuß von fünfundzwanzigtausend Dollar. Damit waren meine sämtlichen Schwierigkeiten beseitigt.«

Dieser Mann weiß jetzt, daß in der seelisch-geistigen Schatzkammer seines Inneren unendliche Reichtümer liegen.

Sie lernte die Kraft ihres schöpferischen Denkens kennen

Eine junge Frau war besorgt um ihre Mutter, die an chronischen Magenschmerzen litt. Weder die Verdauungstabletten noch die krampflösenden Mittel, die ihr der Hausarzt verschrieben hatte, zeitigten die gewünschte Besserung. Die Tochter hatte es sich zur Gewohnheit gemacht, jeden Morgen und jeden Abend eine halbe Stunde für den Magen ihrer Mutter zu beten, wobei sie bekräftigte, der Magen sei eine göttliche Idee, er sei in Ordnung, und auch die Verdauung der Mutter funktioniere einwandfrei. Die unglückseligen Folgen waren, daß sie selbst ein Magenleiden bekam.

Ich erklärte der jungen Frau, daß sie, um ihrer Mutter zu helfen, sofort aufhören müsse, sich mit dem Magenleiden der Mutter zu identifizieren. Dadurch stabilisiere sie das Leiden ihrer Mutter nur.

Nach meiner Erklärung änderte die Frau ihr Gebetsverfahren. Sie dachte nicht mehr an den Magen und den schlimmen körperlichen Zustand ihrer Mutter, sondern identifizierte sich mit der unendlichen Heilgegenwart. Ruhig, voll Gefühl, Glaube und Liebe bekräftigte sie, daß die ihr innewohnende unendliche Weisheit Gottes, die den Körper ihrer Mutter erschaffen hatte, nun das ganze Wesen der Mutter belebe, heile und darin Harmonie, Gesundheit, Frieden und Unversehrtheit herstelle. Sie meditierte täglich eine angemessene Zeit über diese Wahrheiten – in der Überzeugung, daß solch spezielles Beten im Augenblick das Beste sei, das sie für die Mutter tun könne. Mit ihrer neuen Einstellung erzielte sie ein erstaunliches Ergebnis: Die Mutter war nach kurzer Zeit völlig beschwerdefrei, und auch ihr eigener Magen funktionierte wieder normal.

Der Grund, warum die junge Frau beim Beten für ihre Mutter selber krank geworden war, lag darin, daß sie mit der Mutter gelitten und sich dadurch mit ihrem Leiden identifiziert hatte. Tatkräftiges Mitgefühl kann aber nur erfolgen, wenn man selbst körperlich, seelisch und geistig »gesund« ist. Falsches Mitleid dagegen bedeutet: Man ist mit den negativen oder unerfreulichen Aspekten eines Zustands einverstanden und leidet mit. Dies hat zur Folge, daß das Problem gewöhnlich noch schlimmer wird, denn alles, worauf wir unsere Aufmerksamkeit konzentrieren, erfährt in unserem Unterbewußtsein eine starke Vergrößerung.

Schenken Sie Kranken die Schätze des unendlichen Geistes

Alle Schätze des unendlichen Geistes – wie Zufriedenheit, Freude, Vertrauen, Glauben, Inspiration, Liebe, Harmonie, Sicherheit und Wohlstand – befinden sich in Ihrem Inneren. Deshalb gehört es zu Ihren Aufgaben, daß Sie bei einem Krankenbesuch den Patienten durch Ihr Denken und Fühlen aufrichten, daß Sie ihm eine »Transfusion« des Glaubens an die Heilkraft seines Unterbewußtseins und des Vertrauens auf diese Heilkraft geben. Sie sollten ihm außerdem Mut machen und in ihm Verständnis wecken. Erinnern Sie ihn daran, daß für Gott nichts unmöglich ist, und stellen Sie sich ihn als unversehrt, strahlend und heiter vor.

Wenn Sie den Kranken bedauern und bemitleiden, steigern Sie

nur seine Bedrücktheit, und das wirkt sich natürlich negativ aus – auch auf Sie. Dokumentieren Sie Ihr Mitgefühl dadurch, daß Sie die unendliche Heilgegenwart in seinem Unterbewußtsein anrufen, die ihn seelisch, geistig und körperlich heilen, segnen und wiederherstellen wird. *Er erquicket meine Seele* . . . (Psalm 23, 3).

Sie sind der Herr und nicht der Diener Ihrer Gedanken

Ihr Denken ist, wie bereits gesagt, zu jeder Zeit schöpferisch. Jeder Gedanke tendiert dazu, sichtbar zu werden, und veranlaßt Ihr Unterbewußtsein, entsprechend auf ihn und seine Inhalte zu reagieren. Demnach sind Gedanken reale Kräfte. Ihr gedankliches Bild beziehungsweise Ihre Vorstellung zum Beispiel von einem Radio, einem Fernseher, von Freude, Glück, Gesundheit oder Reichtum ist in Ihrem Inneren absolut wirklich. Würden beispielsweise durch eine große Katastrophe sämtliche Automobile auf der Erde vernichtet, so könnte ein Ingenieur anhand seines gedanklichen Vorstellungsbildes ohne weiteres ein Auto nachbauen.

Ihr Denken kann Ihnen kraft der Ihrem Unterbewußtsein innewohnenden unendlichen Weisheit unvorstellbaren Lohn eintragen – wenn Sie es richtig steuern, denn es funktioniert mit mathematischer Genauigkeit: Gedanken an Armut erzeugen Beschränktheit und Mangel; Gedanken an Erfolg, Wachstum und Wohlstand erzeugen Wohlstand sowie inneren und äußeren Reichtum.

Ihr Vorstellungsbild wirkte als Magnet

Eine dreißigjährige »Karrierefrau« erzählte mir, ihre großen Erfolge als Maklerin seien einzig auf eine Tatsache zurückzuführen. »Ich lege mir bei meiner Arbeit stets ein ›geistiges Erfolgsbild‹ zurecht. Ich stelle immer wieder fest, daß dieses Bild sozusagen als Magnet wirkt und genau jene Kunden anzieht, die in ihrem Denken und Fühlen dem Bild entsprechen.«

Die Maklerin sprach jeden Morgen folgendes Gebet: »Ich bin

ein seelisch-geistiger und spiritueller Magnet und ziehe jene Menschen an, die suchen, was ich zu bieten habe. Zwischen ihnen und mir findet ein göttlicher Austausch von Ideen statt; sie sind gesegnet, und ich bin es auch. Ich entscheide mich für Harmonie, Fülle, rechtes Tun und Inspiration, und ich weiß, daß mein Unterbewußtsein diese Wahrheiten akzeptiert und sichtbar werden läßt.«

Das Unterbewußtsein der Maklerin reagiert auf ihr gewohnheitsmäßiges Denken und auf ihre Vorstellungsinhalte. Da sie regelmäßig und systematisch um göttliche Führung, rechtes Tun und Fülle bittet, steht sie gewissermaßen unter einem unterbewußten Zwang, stets richtig zu handeln und zu sprechen – um somit die Fülle zu erleben, die Sie sich vorgestellt hat. Der Fall der Maklerin zeigt eindeutig, daß Gedanken wirklich Kräfte sind.

Werden Sie ein guter »Manager« Ihres Unterbewußtseins

Man muß ein guter Manager sein, um die seelisch-geistigen Schätze seines Unterbewußtseins ans Licht fördern zu können. Ein wirklich guter Manager besitzt genügend Scharfsinn und Verstand, um Arbeiten richtig zu delegieren; und er redet denjenigen, denen er Aufgaben übertragen hat, nicht in ihre Arbeit hinein, da er ihnen vertraut. Ein schlechter Manager dagegen, sei es in der Geschäftswelt, der Wissenschaft, der Industrie oder dem Bildungswesen, kümmert sich immer um das, was er anderen zur Erledigung übertragen hat, pfuscht ihnen sozusagen ins Handwerk und erreicht damit nur, daß seine Mitarbeiter unsicher werden.

Wenn Sie beten, sollten Sie ein guter Manager sein und Ihrem Unterbewußtsein, das alles weiß und alles richtig einschätzt, Autorität übertragen. Wenn Sie etwas erreichen wollen oder eine Antwort suchen, richten Sie Ihre Bitte voll Glauben und Vertrauen an Ihr Unterbewußtsein – von dem Wissen erfüllt, daß das Unterbewußtsein – das Göttliche in Ihnen – so reagieren wird, wie es für Sie am besten ist.

Wenn Ihre Bitte wirklich bei Ihrem Unterbewußtsein angekommen ist, empfinden Sie Freude und Frieden. Wenn Sie ängstlich und besorgt sind oder sich fragen, wie, wann, wo und auf welchem Weg Ihr Unterbewußtsein reagieren wird, vertrauen Sie nicht eigentlich auf seine göttliche Weisheit. Hören Sie daher auf, Ihr Unterbewußtsein zu quälen. Wenn Sie an Ihren Wunsch denken, sind Leichtigkeit und Lockerheit wichtig; sagen Sie sich immer wieder, daß die Ihrem Unterbewußtsein innewohnende unendliche Weisheit Ihren Wunsch in göttlicher Fügung erfüllen wird.

Die Wunderkraft befreite ihn vom Rauchen

Vor kurzem hatte ich ein Gespräch mit einem alten Freund, dem sein Arzt eröffnet hatte, es sei notwendig, daß er sofort das Rauchen aufgebe. Mein Freund rauchte bis zu achtzig Zigaretten am Tag und meinte, sie auf keinen Fall entbehren zu können.

Ich erklärte ihm eine uralte Weisheit: »Wenn dein Wunsch und deine Vorstellung miteinander in Konflikt liegen, siegt immer deine Vorstellung.« Auf meine Empfehlung zog er sich zweimal täglich zurück, beruhigte sein Inneres und machte es aufnahmebereit. Dann sprach er folgendes Gebet und stellte sich dessen Inhalt bildhaft vor:

»Freiheit und Seelenfrieden sind mir jetzt beschieden. Ich weiß, daß diese Wahrheit, die ich glaube und bekräftige, in mein Unterbewußtsein sinkt und daß ich unter dem Zwang stehen werde, das Rauchen aufzugeben. In meiner Vorstellung sehe ich meinen Arzt vor mir. Er hat mich gerade untersucht und gratuliert mir zur Befreiung von der schädlichen Gewohnheit des Rauchens und zu meiner glänzenden Gesundheit.«

Dieses »Zwiegespräch« mit seinem Unterbewußtsein führte mein Freund etwa eine Woche lang zweimal täglich durch. Dann erfolgte die Reaktion: Plötzlich empfand er kein Verlangen mehr nach einer Zigarette. Es war ihm gelungen, den neuen gewohnheitsmäßigen Inhalt seines Denkens und seiner bildhaften Vorstellung in sein Unterbewußtsein zu senken. Und was er subjektiv empfand, bestätigte sein Arzt bald darauf objektiv. Auf diese Weise lernte mein Freund die göttliche Wunderkraft des Unterbewußtseins kennen.

Der Reichtum innerer Losgelöstheit

Eine Psychologin war in einen komplizierten Erbschaftsprozeß verwickelt, der ihre häufige Anwesenheit vor Gericht erforderlich machte. Da nach mehreren Monaten immer noch kein Ende des Prozesses abzusehen war, wandte sie folgende Gebetstherapie an: »Ich löse mich innerlich von diesem Problem und überlasse es der göttlichen Weisheit, die Lösung zu finden. Ich gebe das Problem ab und bin frei davon.«

Wenn sie künftig mit ihrem Anwalt oder anderen Betroffenen Verbindung aufnehmen mußte, verfügte sie jedesmal stumm: »Die mir innewohnende Gottesgegenwart ist allwissend und kümmert sich in göttlicher Fügung um diese Angelegenheit.« Zu mir sagte sie: »Ich denke nicht länger darüber nach, wie, wann, wo oder auf welchem Weg die Gottesgegenwart in meinem Inneren das Problem lösen wird. Ich habe mich innerlich davon gelöst, denn mir ist bewußt, daß Gott sich darum kümmern wird.«

Diese Therapie der inneren Losgelöstheit zeitigte schon nach kurzer Zeit eine unvorhergesehene Wendung: Nach beschwörenden Appellen des Richters an die Vernunft aller Beteiligten wurde bald darauf eine Lösung gefunden, bei der sich keiner benachteiligt oder hintergangen fühlte.

Sie können sich eine Zukunft voller Wunder schaffen

Ihre Energie und Lebenskraft sind bestimmt nicht dazu da, an vergangene Kränkungen, Kümmernisse und Sorgen zu denken. Das wäre genau so, als wollten Sie ein Grab öffnen – Sie würden nichts als ein Skelett finden.

Konzentrieren Sie Ihre Aufmerksamkeit vielmehr auf die guten Dinge des Lebens und machen Sie sich bewußt, daß Ihre Zukunft wunderbar sein wird, weil Sie wissen, daß Ihre harmonischen gegenwärtigen Gedanken keimen, wachsen und herrliche Früchte wie Gesundheit, Glück, Erfüllung und Seelenfrieden tragen werden.

Es gilt, die Vergangenheit auszulöschen und nicht an negative

Erfahrungen oder Traumata, die Ihnen in der Vergangenheit zugestoßen sind, zu rühren. Halten Sie beharrlich an dieser fundamentalen Einstellung fest! Denn: Durch die Änderung Ihrer gegenwärtigen Gedanken stellen Sie augenblicklich die Weichen für Ihr zukünftiges Schicksal.

Eine Mutter überließ ihren Sohn Gott

Die Mutter eines achtzehnjährigen Jünglings war sehr erregt und verzweifelt, weil ihr Sohn nach einem Streit mit seinem Vater das Elternhaus verlassen hatte. Bald darauf brach er sein Collegestudium ab und schloß sich einer Gruppe von Hippies an. Die Frau war so außer sich, daß ihr der Arzt starke Mittel verschreiben mußte, um ihre seelischen und körperlichen Qualen etwas zu lindern.

In meinem Beratungsgespräch wies ich sie auf einige einfache Wahrheiten hin: »Ihr Sohn gehört Ihnen nicht, er kam lediglich durch Sie auf die Welt. Wir alle sind Kinder des einzigen Vaters beziehungsweise des sich selbst erschaffenden Allgeistes. Ihr Sohn ist hier auf Erden, um zu wachsen, sich zu entwickeln, Schwierigkeiten und Probleme zu überwinden, Herausforderungen zu meistern, dadurch die ihm innewohnenden Kräfte zu entdecken und seine Gaben an die Welt weiterzugeben. Mit Bitterkeit und Groll helfen Sie ihm nicht.«

Auf meinen Vorschlag faßte sie den Entschluß, ihren Sohn innerlich und äußerlich freizugeben. Sie sprach regelmäßig das Gebet: »Ich überlasse meinen Sohn nun vollkommen Gott. Er wird auf allen seinen Wegen von Gott geführt, und göttliche Weisheit prägt seinen Verstand. Göttliches Recht und göttliche Ordnung herrschen unangefochten in seinem Leben. Er wird zu seinem wahren Platz geführt und verwirklicht sich auf höchster Ebene. Ich gebe ihn frei und lasse ihn gehen.«

Außerdem erbat sie täglich für sich selbst Frieden, Harmonie, Freude, Heiterkeit und göttliche Liebe.

Einige Wochen später kehrte ihr Sohn aufs College zurück. Er versteckt sich nicht mehr vor den Eltern, macht nun erfreuliche Fortschritte im Studium und hat mit beiden Elternteilen guten

Kontakt. Die Mutter versucht ihn nicht mehr an sich zu fesseln, denn sie hat den Reichtum göttlicher Liebe und Freiheit gefunden.

Diese Frau hörte auf, vom Standpunkt äußerer Umstände und Bedingungen aus zu denken; statt dessen denkt sie jetzt vom inneren Standpunkt aus, wo es keine Umstände gibt und wo sie selbst verfügen kann, welche äußeren Umstände gemäß göttlichem Recht und göttlicher Ordnung eintreten sollen. Sie überläßt es der ihrem Unterbewußtsein innewohnenden unendlichen Weisheit Gottes, diese Umstände herbeizuführen.

Eine Meditationsübung, die Sie im Glauben an die Gotteskraft bestärkt

Denken Sie regelmäßig und systematisch an Lebenskraft, Erleuchtung, Inspiration, Harmonie, Wohlstand, Glück, Seelenfrieden und ein in jeder Weise reicheres Dasein. Denken Sie an diese Wahrheiten – nicht an irgendeinen Zustand davon – und lassen Sie sie in Ihr Unterbewußtsein sinken. Vertrauen Sie darauf, daß durch die göttliche Weisheit Ihres Unterbewußtseins alle Ideen, die Sie betrachten, in der für Sie günstigsten Weise aufgenommen und verarbeitet werden. Ist dies nicht ein wunderbarer Weg zu einem erfüllten Leben?

Durch die nachstehende Meditationsübung können Sie die Kraft Ihres Glaubens wesentlich stärken.

*»Das Gebet des Glaubens wird dem Kranken helfen, und der Herr wird ihn aufrichten.** Was immer es gestern an Negativem gegeben haben mag, ich weiß, daß mein Gebet sich heute triumphierend darüber erheben wird. Ich empfinde unverwandt die Freude des erhörten Gebets.

Heute ist der Tag des Herrn; es ist ein herrlicher Tag für mich, weil es ein Tag voll Frieden, Harmonie und Freude ist. Mein

* Soweit (um der leichteren Lesbarkeit und Einprägbarkeit willen) im Wortlaut von Meditationstexten oder Gebeten von Zitationshinweisen abgesehen wurde, finden sich dieselben Bibelworte mit Zitatangabe an anderer Stelle dieses Buches.

Glaube an das Gute ist mir ins Herz geschrieben, und ich fühle ihn tief in meinem Inneren. Ich bin überzeugt, daß es eine göttliche Gegenwart und ein kosmisches Gesetz gibt. Mein Wunsch wird jetzt aufgenommen. Ich setze meinen ganzen Glauben, mein Vertrauen und meine Zuversicht in die Kraft und Gegenwart Gottes, die mir innewohnen. In mir herrscht Friede.

Ich weiß, daß ich ein Gast des Unendlichen bin und daß Gott mein Gastgeber ist. Ich höre seine Einladung: *Kommet her zu mir alle, die ihr mühselig und beladen seid; ich will euch erquicken.* Ich ruhe in Gott, und alles ist gut.«

ZUSAMMENFASSUNG

1. Glauben bedeutet, etwas als wahr zu akzeptieren. Vom Glauben an die jedem Menschen innewohnende unendliche Weisheit Gottes hängt es ab, ob jemand Erfolg hat oder scheitert, reich oder arm ist, gesund oder krank. Glauben Sie an die Schätze der unendlichen Kraft in Ihrem Unterbewußtsein, dann werden Ihnen diese Schätze zuteil werden.

2. Wenn Sie sich in einer mißlichen Lage befinden, können Sie den Bann Ihres augenblicklichen Festgefahrenseins brechen, indem Sie aufrichtig für jemand anderen beten, beispielsweise für einen unglücklichen Nachbarn. Nicht selten werden Ihre eigenen Probleme dann unverhofft auf wunderbare Weise gelöst.

3. Beim Beten für einen geliebten Menschen sollten Sie darauf achten, daß Sie sich nicht mit den Leiden oder Sorgen dieses Menschen identifizieren, denn Sie nehmen unweigerlich jene Leiden oder Sorgen in sich auf. Hier hilft nur tatkräftiges Mitgefühl: Geben Sie dem Kranken oder Niedergeschlagenen eine »Transfusion« an Glauben, Vertrauen und Liebe und nähren Sie in ihm das Wissen, daß für Gott nichts unmöglich ist.

4. Ihr Denken ist zu jeder Zeit schöpferisch, denn jeder Ihrer Gedanken tendiert dazu, sichtbar zu werden, und veranlaßt Ihr Unterbewußtsein, entsprechend auf seinen Inhalt zu reagieren. Das Vorstellungsbild von Erfolg und Wohlstand ist daher ein Magnet, der alle Dinge anzieht, die Ihrem Vorstellungsbild entsprechen.

5. Bewältigen Sie Ihre Probleme nicht durch Kampf! Wenn Sie Ihren Körper entspannen, werden Sie feststellen, daß nach kurzer Zeit in Ihrem Inneren eine friedliche Ruhe einkehrt und daß die unendliche Weisheit Ihres Unterbewußtseins, das alle Antworten kennt, an die Oberfläche, das heißt in Ihr Wachbewußtsein, steigt.

6. Sie können das Rauchen oder jede andere in Ihren Augen schlechte Angewohnheit aufgeben, indem Sie sich für Freiheit und Seelenfrieden entscheiden und sich gleichzeitig bildhaft vorstellen, wie Ihnen jemand zu Ihrem Freisein gratuliert. Wenn Sie sich lebhaft eine Antipathie gegen Tabak – oder gegen etwas anderes – vorstellen, wird Ihr Unterbewußtsein die Vorstellung übernehmen und Sie zwingen, Ihre schädliche Gewohnheit aufzugeben.

7. Ihre Energie und Lebenskraft sind bestimmt nicht dazu da, an vergangene Kränkungen oder Sorgen zu denken. Denken Sie regelmäßig und systematisch an Harmonie, Schönheit, Liebe, Frieden und Fülle, dann werden Sie eine wunderbare Zukunft haben.

8. Sollte eines Ihrer Kinder sein Zuhause verlassen, empfiehlt sich folgendes Gebet: »Ich überlasse mein Kind vollkommen Gott. Es wird auf allen seinen Wegen von Gott begleitet, und Gottes Liebe umhüllt es. Göttliche Weisheit wird seinen Verstand prägen und es richtig führen.« Wenn Sie dies tun, wird sich alles, was geschieht, für Ihr Kind zum Guten auswirken.

9. Denken Sie an die unendlichen Reichtümer, die Gott für Sie bereithält, an Harmonie, Frieden, Freude, Liebe, Führung, rechtes Tun und Erfolg. Damit aktivieren Sie die in Ihnen schlummernden göttlichen Kräfte. Ihr Unterbewußtsein wird Sie zwingen, alles dies in Ihrem Leben zur Geltung zu bringen.

10. Die angegebene Meditationsübung hilft Ihnen, die Kraft Ihres Glaubens an die Gottesgegenwart zu stärken.

KAPITEL 3

Wie Sie das Prinzip des Wachstums richtig anwenden

Die Bibel verweist uns auf *Gott, der uns dargibt reichlich, allerlei zu genießen* (1. Timotheus, 6, 17).

Reichtümer erwachsen aus Ihrem Geist, der vom Geiste Gottes ist. Denn in Ihnen ist ein Führungsprinzip beheimatet, das Ihnen zur Erfüllung all Ihrer Herzenswünsche verhelfen kann. Wohlstand ist demnach eine Geisteshaltung, ein Bewußtseinszustand – beinhaltet in dem Glauben an die Schätze des Unendlichen.

Die ganze Welt war bereits da, als Sie geboren wurden. Durch die Geburt wurde Ihnen von Gott das Leben geschenkt. Und da das Leben etwas Göttliches ist, ist es Ihre Aufgabe, diesem Göttlichen Ausdruck zu verleihen – durch die Entfaltung Ihrer Fähigkeiten und Talente.

Wenn Sie wissen, wie das Unterbewußtsein angezapft wird, werden Sie wahrhaft reich sein an Segnungen wie Seelenfrieden, echter Selbstverwirklichung, Gesundheit oder Reichtum. Der Schlüssel zu dem unendlichen Geist kosmischer Dimension und folgerichtig auch zu der Ihnen innewohnenden Kraft, die bewirkt, daß sich Ihr Leben wahrhaft angenehm und erfreulich darstellt, liegt in Ihrem eigenen Denken. Ihr Denken ist schöpferisch! Beginnen Sie regelmäßig und systematisch an Fülle, Wohlstand, Erfolg und das Gute des Lebens zu denken. Wenn Sie das tun, wird Ihr Leben in jeder Beziehung erfolgreich verlaufen.

Das Vorstellungsbild einer Sekretärin verwirklichte sich

Vor einigen Jahren unternahm ich mit einer Gruppe, die etwa dreißig Personen umfaßte, eine Reise, deren Ziel die Iberische

Halbinsel war. Es war eine sehr eindrucksvolle Reise, und so außergewöhnliche Städte wie Lissabon, Malaga, Madrid oder Barcelona waren nur einige erlebnisreiche Stationen unserer Fahrt.

In Salamanca erzählte mir eine junge Frau aus der Gruppe, daß es schon immer ihr Wunsch gewesen sei, Spanien zu besuchen, da ihre Vorfahren aus Malaga stammten. Der jungen Frau, einer Sekretärin, war es nicht möglich gewesen, die Reise zu finanzieren. Sie hatte jedoch mein Buch *Die Gesetze des Denkens und Glaubens* (erschienen im Ariston Verlag, Genf) gelesen und sich daraufhin alle erhältlichen Prospekte über die touristischen Attraktionen Spaniens besorgt. Die Technik, die sie anwandte, war faszinierend und sehr wirksam.

Jeden Abend vor dem Schlafengehen konzentrierte sie sich auf das »Palacio Hotel« in Malaga, das in einem der Prospekte abgebildet war. Sie stellte sich vor, daß sie tatsächlich in dem Hotel schlafe und daß sie morgens auf dem Balkon ihres Hotelzimmers stehe, um die herrliche Umgebung zu betrachten. Nachdem sie das Verfahren eine knappe Woche lang angewandt hatte, erwähnte einer ihrer Bürokollegen wie aus heiterem Himmel, er wolle eine Reise auf die Iberische Halbinsel machen. Bald darauf zeigte sich, daß ihr beiderseitiges Interesse sich nicht nur auf Spanien und Portugal beschränkte: sie verliebten sich, und der junge Mann schenkte seiner Braut die Reise zur Verlobung.

Dieses Ereignis veranschaulicht, wie wunderbar die Gesetze des Denkens und Glaubens funktionieren. Die Sekretärin bekam nicht nur eine Reise geschenkt, sondern fand bald darauf auch ihr Eheglück. Und es zeigt noch etwas anderes: Das Unterbewußtsein vervielfacht das in ihm deponierte »Kapital«.

Er beschwor die Macht seines Unterbewußtseins

Auf der erwähnten Reise besuchten wir auch Sevilla, das mehr als jede andere spanische Stadt das wirkliche Spanien verkörpert, denn Phönizier, Römer und Mauren hinterließen dort ihre Spuren. Die Universität Sevillas, das heute über eine halbe

Million Einwohner zählt, wurde 1502 gegründet, und die Stadt gab der Welt zwei ihrer größten Maler: Murillo und Velázquez.

Als ich im Hotel mit einem unserer Reiseleiter sprach, erzählte er mir, daß er als vierzehnjähriger Junge den brennenden Wunsch gehabt hatte, die Stadt seiner Väter, nämlich Sevilla, zu besuchen und dort Sprachen zu lernen, um dann Reiseleiter zu werden, durch Europa zu reisen, Touristen zu betreuen und für sie zu dolmetschen. Er hatte die Kräfte seines Unterbewußtseins auf ganz einfache Weise beschworen, ohne etwas über ihre Funktion zu wissen.

Als Junge bekräftigte er viele Male am Tag, daß er nach Spanien wolle, um dort Spanisch, Französisch und Deutsch zu lernen, und daß er dort arbeiten wolle, um sein Sprachenstudium zu finanzieren. An seinem fünfzehnten Geburtstag, so erzählte er, geschah etwas Erstaunliches: Seine Tante, die in Boston lebte, schrieb seinem Vater (ihrem Bruder) und bat darum, den Jungen zu einem Verwandtenbesuch nach Sevilla mitnehmen zu dürfen, weil sie nicht allein reisen wollte. Der Vater hatte keine Einwände. Als die beiden etwa eine Woche in Sevilla waren, erklärte die Tante sich bereit, das Studium des Jungen an der Universität und seinen Aufenthalt in Sevilla zu finanzieren, wenn sein Vater damit einverstanden sei. Und er war einverstanden.

Der Reiseleiter, der als kleiner Junge nach dem Aufkommen seines Wunsches diesen auf einen Zettel geschrieben hatte, hat ein Lieblingsgebet: *Der Gott des Himmels wird es uns gelingen lassen* (Nehemia 2, 20). Durch beharrliche Vergegenwärtigung der aufgeschriebenen Bitten war es ihm gelungen, sie seinem Unterbewußtsein »einzugravieren«, das dann reagiert und seinen Wunsch auf einmalige Art erfüllt hatte.

Die schöpferische Kraft Ihres Denkens

Der Herr macht arm und macht reich; er erniedrigt und erhöht (1. Samuel 2, 7). Mit dem Herrn ist die Allmacht des unendlichen Geistes gemeint, an dem Ihr schöpferisches Unterbewußtsein Anteil hat, das alles bewirken kann, und zwar vermöge der beherrschenden Inhalte Ihres Denkens und bildhaften Vorstellens. Wenn Sie der Überzeugung sind, daß Sie ein Anrecht auf die guten Dinge des Lebens haben, als da sind Wohlstand, Gesundheit, echte Selbstverwirklichung, Liebe und ein erfülltes Dasein, werden Sie das alles erleben. Wenn Sie dagegen glauben, es sei Ihr Schicksal, arm zu sein, und wenn Sie überzeugt sind, die guten Dinge des Lebens stünden Ihnen nicht zu, bringen Sie selbst Einengung, Mangel und Enttäuschung über sich.

Seien Sie stets dessen eingedenk, daß Ihr Denken Kraft hat, daß es schöpferisch ist. Jeder Gedanke, den Sie fassen, neigt dazu, sichtbar zu werden, außer Sie neutralisieren ihn sogleich durch einen stärkeren, intensiveren Gedanken. Menschen, die mehr irdische Güter ansammeln als andere, haben sozusagen ein »Reichtumsbewußtsein« und sind von der freudigen Erwartung des Besten erfüllt. Alle Ihre Erlebnisse und Erfahrungen erwachsen aus den Gesetzen Ihres Denkens und Glaubens. Wer die Vorstellung von guten Dingen in sich nährt und beharrlich daran festhält, zieht unweigerlich Reichtümer in sein Leben.

Wer hingegen ständig an Mangel und Einschränkung denkt, vergrößert seine Armut. Ihr gesetzmäßig reagierendes Unterbewußtsein vergrößert jede Vorstellung, die ihm eingegeben wird. Somit zieht der negative Denker immer größere Verluste an.

Bedenken Sie, daß alles, dem Sie besondere Aufmerksamkeit widmen, in Ihrer Erfahrung vergrößert Ausdruck findet. Aufmerksamkeit ist einer der Schlüssel zum Leben, zur Erfüllung Ihrer Wünsche. Denken Sie deshalb beharrlich an Wachstum in *allen* Bereichen. Nähren Sie in sich das Gefühl, daß Sie Erfolg haben und gedeihen werden, denn das Gefühl, reich zu sein, erzeugt Reichtum. Achten Sie aber auch darauf, daß Sie allen Menschen Ihrer Umgebung Erfolg, Glück und Fülle wünschen. Denn wer anderen aufrichtig Glück wünscht, erhält selbst wahrhaft reichen, und zwar göttlichen Lohn. *Gebt, und es wird euch gegeben werden . . .* (Lukas 6, 38).

Die Anwendung des Wachstumsprinzips in Geschäft und Beruf

Indem Sie ruhig, voll Liebe und Glauben die Erkenntnis in sich nähren, daß Gedanken an Reichtum, Erfolg, Wohlergehen und

Gesundheit in der Ihnen innewohnenden unendlichen Weisheit Gottes begründet sind, schaffen Sie zwangsläufig die Bedingungen und Voraussetzungen für Ihren geschäftlichen oder beruflichen Erfolg. Außerdem werden Sie feststellen, daß Sie immer mehr Menschen anziehen, die zu Kunden, Freunden und Geschäftspartnern werden, die Ihnen bei der Verwirklichung Ihrer Wünsche helfen. Unterbewußt ziehen Sie Männer und Frauen an, die ihr Bewußtsein ebenfalls auf die Reichtümer Gottes ausgerichtet haben.

Ein Lebensmittelhändler in Beverly Hills vertraute mir vor längerer Zeit das Geheimnis seines verblüffenden Erfolges und seiner großen Beliebtheit bei Kunden an. Jeden Morgen, wenn er sein Geschäft öffnet, bekräftigt er: »Wer in meinen Laden tritt, ist gesegnet und inspiriert, gedeiht und wird in jeder Weise reicher.«

Er kennt die Wahrheit, die da lautet: *Was du wirst vornehmen, wird er dir lassen gelingen; und das Licht wird auf deinem Wege scheinen* (Hiob 22, 28).

Warum die Reichen reicher und die Armen ärmer werden

In meiner Nachbarschaft drängte eine Frau ihren Mann ständig, nicht an harte Zeiten, Geldverlust, Bankrott und ähnliches zu denken. Doch er ließ nicht davon ab, sich den Bankrott seines Geschäfts und den Verlust seines Hauses vorzustellen. Immer wieder sagte er: »Ich kann die Hypothek nicht bezahlen, wir werden das Haus verlieren. Ich weiß, daß wir bankrott gehen werden, denn das Geschäft läuft schlecht. Ich habe nie Glück . . .«

Er redete also ständig von Not, Geldknappheit und Niederlagen, und schließlich traf ein, was er befürchtet hatte: Der Hypothekargläubiger erklärte mangels Zahlung der Amortisierungs- und Zinsraten die Hypothek für verfallen, übernahm das Haus, und der Mann mußte den Konkurs anmelden. Ein Nachbar kaufte das Haus zu einem sehr niedrigen Preis und erwarb auch das Geschäft, das der Mann aufgegeben hatte. Unter seiner Führung geht es jetzt glänzend.

Der Grund, warum die Reichen immer reicher und die Armen immer ärmer werden, ist: *Denn was ich gefürchtet habe, ist über mich gekommen, und was ich sorgte, hat mich getroffen* (Hiob 3, 25). Das Gesetz des Geistes ist gut, sogar sehr gut. Man kann nicht regelmäßig an Verlust, Armut, Bankrott und Fehlschläge denken und dann erwarten, daß man erfolgreich ist und vorankommt. Der Reiche, der in dem Bewußtsein lebt, daß er Erfolg haben und gedeihen wird, für den Reichtum so selbstverständlich ist wie die Luft, die er atmet, zieht unweigerlich Erfolg und Wohlstand an. Man kann nicht an Böses denken und Gutes ernten, genau wie man nicht an Gutes denken und Böses ernten kann.

Das Gesetz Ihres Denkens und Glaubens funktioniert perfekt. Es bringt hervor und macht sichtbar, was dem Unterbewußtsein eingeprägt wird. Daher kann jeder Mensch sofort damit beginnen, das Prinzip der Fülle anzuwenden. Und dann wird auch er Wohlstand, Erfolg und Reichtümer aller Art anziehen.

Entdecken Sie das Prinzip der Fülle

Die geschmacklichen Qualitäten einer Speise stellen Sie fest, indem Sie die Speise kosten. Die Qualität und damit die Schätze Ihres Unterbewußtseins können Sie feststellen, indem Sie das Prinzip der Fülle entdecken.

Ein Drogist sagte zu mir, die Versorgungsquelle für alles, was er brauche, befinde sich in seinem Inneren und reagiere auf seinen Glauben an die grenzenlosen Vorräte und Reichtümer seines Unterbewußtseins, des Göttlichen in ihm. Jeden Morgen und jeden Abend betet er: »Ich bin zu jeder Zeit dankbar für die Reichtümer Gottes, die allgegenwärtig, immer aktiv, unveränderlich und unerschöpflich sind.«

Muß ich noch hinzufügen, daß der Drogist mehrere gutgehende Filialen besitzt und mit seiner Familie ein glückliches Leben führt?

Beherzigen Sie die beglückende Wahrheit

Der unendliche, allgegenwärtige Geist Gottes, der Ursprung unserer Welt, alles Sichtbaren und Unsichtbaren, ist gegenwärtig auch in Ihrem Inneren. Ihnen gehört nichts auf dieser Erde; alles gehört Gott. Sie sind aber der Verwalter des Göttlichen und dazu da, die Reichtümer des Universums klug, gerecht und aufbauend zu nutzen. Erbitten Sie darum für den Umgang mit Ihren irdischen Besitztümern die Weisheit Gottes. Wenn Sie sterben und Ihr Geist in die höhere Dimension des Geistes eingeht, können Sie nichts anderes mitnehmen als das, was Sie an Weisheit, Wahrheit und Schönheit in Ihrem Leben geistig erworben haben.

Ihr vertrauensvoller Glaube an die Güte Gottes und Ihre Freude am Herrn, der Ihre Stärke ist, stellen Ihre wirklichen Reichtümer dar, und nur diese können Sie in die höhere Lebensdimension des Geistes mitnehmen.

In der dreidimensionalen Welt, in der wir leben, ist alles für Sie da, alles für Sie erschaffen. Nehmen Sie daher wirklich alles in sich auf, was sich Ihnen darbietet: Erfreuen Sie sich am Gesang der Vögel, leben Sie auf, indem Sie die Sterne am Himmel, den Morgentau, den Sonnenaufgang und den Sonnenuntergang betrachten, indem Sie den süßen Duft der Rose oder das würzige Aroma frischen Heus einatmen oder Ihren Blick bewundernd über Berge und Täler schweifen lassen. Alle Reichtümer der Erde, des Meeres und der Luft gehören Ihnen. Die Natur ist üppig, ja verschwenderisch; sie hat genügend für uns alle, wenn wir weise damit umgehen.

Es ist Gottes Absicht, daß Sie ein erfülltes, glückliches Leben führen. Sie sollen ein gemütliches, schönes Heim und schöne Kleider haben. Sie sollen an die unendliche, unbeschreibliche Schönheit, Ordnung, Symmetrie und Ausgewogenheit des Unendlichen denken und sich hiermit eins fühlen. Außerdem sollen Sie immer genügend Geld haben, es soll in Ihrem Leben frei zirkulieren und Sie in die Lage versetzen, genau das zu tun, was Sie tun wollen.

Ihre Kinder sollen in einer schönen Umgebung und in einer harmonischen, gottgefälligen Atmosphäre aufwachsen. Vor allem aber sollen sie schon früh mit den unerschöpflichen Quellen der Kraft in der Tiefe ihres eigenen Wesens vertraut gemacht werden, damit sie die unendlichen Schätze ihres Unterbewußtseins anzapfen können.

Erschließen Sie ihren inneren Reichtum

Erkennen Sie die unerschöpfliche Quelle Ihrer Kraft, die Ihrem Unterbewußtsein zuteil ist, und vertrauen Sie auf das Prinzip der Fülle und des Wachstums auf ganzer Linie. Vergegenwärtigen Sie sich immer wieder die nachstehenden Leitgedanken:

»Gott ist die Quelle alles dessen, was ich brauche, seien es Frieden, Liebe, Schönheit, schöpferische Ideen, rechtes Tun, Energie, Vitalität oder Wohlstand. Ich weiß, daß es für die schöpferischen Kräfte meines Unterbewußtseins einfach ist, mir diese Quellen zu erschließen.

Ich eigne mir jetzt Gesundheit, Harmonie, Schönheit, rechtes Tun, großartiges Gedeihen und sämtliche Reichtümer meines tieferen Geistes an, und ich werde sie erleben. Ich strahle gegenüber allen Menschen Freundlichkeit und Liebe aus. Ich leiste jeden Tag bessere Dienste. Gottes Reichtümer strömen für alle Zeiten in mein Dasein, und es herrscht immer gottgewollter Überfluß davon. Diese Gedanken sinken jetzt in mein Unterbewußtsein, und sie kommen als Sicherheit, Seelenfrieden und Wohlstand in meinem Leben zur Geltung. Es ist wunderbar.«

Was Sie in Ihr Unterbewußtsein säen, das werden Sie unweigerlich ernten. In der Bibel heißt es: *Aber die Wüste und Einöde wird lustig sein, und das dürre Land wird fröhlich stehen und wird blühen wie die Lilien* (Jesaja 35, 1).

Ein Gebet um Wachstum und Fülle

Die tägliche Durchführung der nachstehenden Meditationsübung wird Ihnen schneller und leichter zu einem reichen, erfüllten Leben verhelfen.

»*Schauet die Lilien auf dem Felde, wie sie wachsen: sie arbeiten nicht, auch spinnen sie nicht ... Auch Salomo in aller seiner Herrlichkeit ist nicht bekleidet gewesen wie derselben eins.* Ich weiß, daß Gott mich in jeder Weise gedeihen läßt. Ich führe jetzt ein reiches Leben, weil ich an die Reichtümer Gottes glaube. Ich werde mit allem versorgt, was zu meiner Schönheit, meinem Wohlbefinden, meinem Fortschritt und meinem Frieden beiträgt.

Täglich ernte ich die Früchte, die die mir innewohnende unendliche Weisheit Gottes reifen läßt.

Ich akzeptiere jetzt das Gute, denn ich bin überzeugt, daß alles Gute mein ist. Ich bin ausgeglichen, heiter, ruhig und voller Frieden. Ich bin eins mit der Quelle des Lebens; alle meine Bedürfnisse werden in jedem Augenblick der Zeit und an jedem Punkt des Raumes erfüllt. Gottes Fülle und Reichtum werden in allen Bereichen meines Lebens sichtbar. *Alles, was der Vater hat, das ist mein.* Ich freue mich auf das erfüllte Leben, das mir dargeboten wird.«

Zusammenfassung

1. Die Erwartung des Guten zieht das Gute geradezu magisch an. So wurde auch das Vorstellungsbild einer jungen Frau von einer Reise verwirklicht. Sie konzentrierte sich jeden Abend auf ein Hotel in Spanien und stellte sich vor, daß sie tatsächlich dort schlafe. Ihr Unterbewußtsein öffnete ihr den Weg nach Spanien und vergrößerte das, was sie ihm eingeprägt hatte; denn außer der Reise fand sie bald darauf auch ihr Eheglück. Dieses Beispiel zeigt, daß das Unterbewußtsein immer alles vergrößert.

2. Ein vierzehnjähriger Junge schrieb auf ein Stück Papier seinen Herzenswunsch: Er wollte in Spanien Sprachen studieren und ein guter Reiseleiter und Dolmetscher für Touristen werden. Er bekräftigte beharrlich das Niedergeschriebene und übertrug so seinen Wunsch ins Buch des Lebens (in sein Unterbewußtsein). Die unendliche Weisheit seines Unterbewußtseins bewirkte, daß seine Tante den Wunsch des Jungen erfüllte.

3. Wecken Sie in sich das Bewußtsein für die Reichtümer Gottes, von denen Sie umgeben sind. Kraft des Gesetzes der Anziehung werden Sie die Schätze der unerschöpflichen Vorratskammer in Ihrem Unterbewußtsein anzapfen. Denken Sie beharrlich an Wohlergehen, Fülle und Sicherheit, dann ziehen Sie unweigerlich diese Reichtümer in Ihr Leben.

4. Jene Dinge, denen Sie Ihre Aufmerksamkeit zuwenden, werden Eingang in Ihre Erfahrung finden. Konzentrieren Sie Ihre Aufmerksamkeit auf erstrebenswerte Dinge. Wünschen Sie auch anderen aufrichtig Glück – und Sie werden selbst wahrhaft reichen Lohn ernten.

5. Für einen wahrhaft reichen Menschen, der in dem Bewußtsein lebt, daß er Erfolg haben und gedeihen wird, ist Reichtum so selbstverständlich wie die Luft, die er atmet. Weil er diese Geisteshaltung hat, zieht er immer mehr Reichtümer an. Der Arme hingegen stellt sich ständig Mangel, Mißerfolg und schwere Zeiten vor und redet von nichts anderem. Automatisch stellt sich über kurz oder lang das ein, was er befürchtet hat.

6. Sie können sich mit den Schätzen der unerschöpflichen Vorratskammer in Ihrem Inneren vertraut machen, indem Sie gläubig beten: »Ich bin zu jeder Zeit dankbar für die Reichtümer Gottes, die allgegenwärtig, immer aktiv, unveränderlich und unerschöpflich sind.«

7. Gott gab Ihnen alle Dinge auf dieser Welt, damit Sie sich an ihnen erfreuen. Auch das Leben ist ein Geschenk an Sie. Das ganze

Universum existierte bereits, als Sie geboren wurden. Glauben Sie an die Reichtümer dieser Welt, und Ihnen wird es an nichts mangeln.

8. Die angegebene Meditationsübung verhilft Ihnen zu einem reicheren Leben, zu Wachstum und Fülle.

Kapitel 4

Wie Sie unendlichen inneren Reichtum erlangen

Vor einigen Jahren unternahm ich im Mai eine Reise nach Irland, England und in die Schweiz. Während meines Aufenthaltes in Irland besuchte ich Verwandte in Killarney. Killarney, im Südwesten gelegen, ist von einer herrlichen Landschaft umgeben, die zu den schönsten Fleckchen Erde gehört, die ich kenne. Dichter, Schriftsteller und Maler preisen überschwenglich die Großartigkeit, die üppige Formen- und mannigfaltige Farbenpracht dieses einzigartigen Landes mit seinen grünen Bergen und mit seinen von Birken, Eichen und schönen Hecken umsäumten Seen. Wahrlich ein Ort, der Ruhe und Harmonie ausstrahlt.

Der Reichtum der Liebe

Inmitten dieser bezaubernden Umgebung schüttete mir ein Verwandter sein Herz aus; er machte sich große Sorgen um seine Tochter Mary. Sie verlor rapide an Gewicht und lehnte jede Nahrungsaufnahme ab. Nur wenn ihr Vater oder ihre Stiefmutter sie buchstäblich zwangen, aß Mary etwas. Der Hausarzt gab ihr Leber- und Vitaminspritzen; doch er hielt ihren Fall für hoffnungslos. Mary war schon in Dublin bei einem Psychiater in Behandlung gewesen, hatte sich aber geweigert, mit ihm zu sprechen. Ihr Vater war außer sich und kritisierte sie sehr.

Ich führte mit Mary drei Gespräche, und beim dritten fragte ich sie direkt: »Mary, ist es nicht so, daß du versuchst, mit deinem Vater abzurechnen, daß du dich an ihm rächen willst, weil er deinem Stiefbruder mehr Aufmerksamkeit als dir widmet?« Sie stieß hervor: »Ja, ich hasse ihn. Er findet nie einen Fehler an meinem Bruder, aber mich kritisiert er ständig. Ich werde schon erreichen, daß ihm das leid tut.«

Ich machte Mary klar, daß sie langsam Selbstmord beging, was strikt gegen ihre religiöse Überzeugung verstieß. Dann sagte ich, daß ihr Körper ein Tempel des lebendigen Gottes und daß sie auf Erden sei, um ein glückliches, erfülltes Leben zu führen. Mit der Zerstörung ihres Körpers löse sie kein einziges Problem.

Meine Erklärungen erschreckten Mary, sie begann zu schluchzen und ihren Vater bitterlich zu beschimpfen.

Daraufhin erörterte ich Marys Fall in ihrer Gegenwart mit dem Vater. Er brach weinend zusammen und gab zu, daß er sich einen Sohn gewünscht und ihr gegenüber nie Liebe oder Zuneigung gezeigt hatte. Marys Mutter war bei ihrer Geburt gestorben. Der Vater bat seine Tochter um Vergebung und gelobte, ihr künftig voll Liebe, Wertschätzung und Zärtlichkeit zu begegnen. Tatsächlich suchte das Mädchen nichts anderes als Zuwendung; sie wollte, daß man sie schätzte, brauchte und liebte. Als der Vater ihr gegenüber nun Liebe ausstrahlte, wendete sich alles.

Mary hatte bis dahin stumm zu sich gesagt: »Niemand will mich, niemand liebt mich. Ich hungere und muß sterben. Aber so erreiche ich wenigstens, daß mein Vater sich um mich sorgt.« Jetzt jedoch, angesichts der veränderten Haltung ihres Vaters, veränderte auch sie ihre Einstellung.

Liebe befreit und gibt: sie ist der Geist Gottes. Liebe läßt alle frei, die durch Angst, Feindseligkeit und Haß gefesselt sind.

Mit Hilfe des folgenden Gebets änderte Mary ihr Leben: »Ich weiß, daß mein Körper der Tempel ist, in dem Gott wohnt. Ich ehre und preise die Gegenwart Gottes in meiner Mitte. Göttliche Liebe erfüllt meine Seele, der Friedensstrom Gottes fließt zu jeder Zeit durch mein Herz, durch mein Gemüt. Ich nehme jede Speise auf in dem Wissen, daß diese gut ist, da sie von Gott kommt. Ich weiß, daß Gott mich dort braucht, wo ich bin. Ich werde von meinem Vater und auch von anderen Menschen geschätzt, geliebt und gebraucht. Ich strahle gegenüber allen Menschen zu jeder Zeit Liebe, Freundlichkeit und Frieden aus. Gottes Ideen sind meine Speise und mein Trank, sie entfalten sich in mir, machen mich stark und gesund und erfüllen mich mit göttlicher Energie.«

Mary prägt jetzt ihr Unterbewußtsein mehrmals täglich mit diesen Wahrheiten. In ihrem letzten Brief teilte sie mir mit, daß sie in Kürze einen benachbarten Großbauern heiraten wird und daß sie vor neuer Lebenslust und innerer Freude überschäumt. Sie hat den Reichtum des unendlichen Geistes in Form von Seelenfrieden, Liebe und Freude an sich erfahren.

Der Reichtum des Glaubens

Während des Aufenthaltes in Irland bat ich meinen irischen Fahrer, mich nach Glendalough zu bringen, der zwischen zwei romantischen Seen gelegenen alten Klostersiedlung. Der Einsiedler Sankt Kevin hatte das Kloster im sechsten Jahrhundert gegründet; es hatte sich rasch zu einem bedeutenden religiösen Zentrum entwickelt, und die baulichen Überreste des nun verfallenen Klosters werden noch heute von vielen Kranken aufgesucht, die Heilung erhoffen.

Mein Fahrer erzählte mir, er habe als Kind arg gestottert, sei in der Schule deswegen ausgelacht und mit Spottnamen bedacht worden. Die Behandlungen durch Sprachtherapeuten hatten weder in Dublin noch in Cork City eine Besserung gezeitigt. Sein verzweifelter Vater war schließlich mit ihm nach Glendalough gefahren, hatte ihn in die Zelle geführt, in der Sankt Kevin angeblich gelebt hatte, und zu ihm gesagt: »Wenn du eine Stunde lang in dieser Zelle schläfst, wirst du geheilt sein.«

Der Fahrer berichtete: »Ich glaubte meinem Vater und befolgte seine Anweisungen. Als ich nach einer Stunde aufwachte, war ich geheilt, und von diesem Tag an, seit zwanzig Jahren, habe ich nie mehr gestottert.«

Der unerschütterliche Glaube des jungen Mannes hatte die Heilkraft seines Unterbewußtseins aktiviert und freigesetzt. Natürlich waren Geist und Gemüt des acht- oder neunjährigen Knaben leicht zu beeinflussen gewesen: Seine Phantasie war angeregt worden, und er hatte felsenfest geglaubt, daß Sankt Kevin ihm helfen würde.

Es gibt nur eine einzige Heilkraft: die in Ihrem Unterbewußtsein beheimatete unendliche Heilgegenwart.

Der Reichtum wahren statt blinden Glaubens

Wahrer Glaube beruht auf der Einsicht, daß Gottes unendliche Gegenwart, die uns aus einer Zelle erschaffen hat, alle Prozesse und Funktionen unseres Körpers kennt und zweifellos weiß, wie sie uns heilen kann. Wenn Sie sich bewußt auf die Heilkraft Ihres Unterbewußtseins, des Göttlichen in Ihnen, einstimmen – in der Einsicht und dem Glauben, daß sie reagieren wird –, werden Sie mit Sicherheit die unendliche Heilgegenwart erfahren. Kurz: Wahrer Glaube beruht auf der Erkenntnis der dem Menschen innewohnenden Gotteskraft und auf dem Verständnis, wie sie aktiviert und entfaltet werden kann.

Blinder Glaube dagegen ist der Glaube an unheilabwehrende Amulette, zauberkräftige Talismane, heilige Reliquien, geweihte Schreine, geheiligte Kultstätten oder heilendes Wasser. Blinder Glaube ist Glaube ohne Verständnis der einem Phänomen zugrunde liegenden seelisch-geistigen Mechanismen und ohne Kenntnis der universellen Gesetze des Geistes. Deshalb hat blinder Glaube meist nur vorübergehenden therapeutischen Wert.

Einem kranken Menschen empfehle ich, sich in ärztliche Behandlung zu begeben und nicht nur für sich selbst, sondern auch für seinen Arzt zu beten.

Ehre den Arzt mit gebührender Verehrung, daß du ihn habest zur Not; denn der Herr hat ihn geschaffen, und die Arznei kommt von dem Höchsten, und Könige ehren ihn ... Der Herr läßt die Arznei aus der Erde wachsen, und ein Vernünftiger verachtet sie nicht .... Und er [der Herr] hat solche Kunst den Menschen gegeben, daß er gepriesen würde in seinen Wunderwerken.

Mein Kind, wenn du krank bist, so verachte dies nicht, sondern bitte den Herrn, so wird er dich gesund machen ... Darnach laß den Arzt zu dir, denn der Herr hat ihn geschaffen; und laß ihn nicht von dir, weil du sein doch bedarfst. Es kommen Zeiten, da dem Kranken auch durch jene [die Ärzte] muß geholfen werden; denn auch sie werden den Herrn bitten, daß er's ihnen gelingen lasse, auf daß es mit ihm besser werde und er Gesundheit kriege, länger zu leben ... (Jesus Sirach 38, 1–14).

Wenn irgendein Leiden Sie befällt und Sie um Gesundheit

beten, müßte die Heilung rasch erfolgen. Geschieht das nicht, sollten Sie sofort handeln und den entsprechenden Facharzt aufsuchen. Denken Sie aber immer daran: Die Liebe und der Friede Gottes sind allgegenwärtig.

Der Reichtum der unendlichen Heilgegenwart

Ein Freund von mir, der im südostirischen Waterford lebt, arrangierte für mich einen Besuch in der berühmten Glashütte seiner Heimatstadt. Ich beobachtete meisterliche Handwerker bei der Herstellung des Kristalls, schaute zu, wie aus dem Rohmaterial glänzende, funkelnde Glasgegenstände wurden. Einer der Handwerker ließ einen Lichtstrahl auf geschliffenen Kristall fallen, und die Facetten, Rauten und Ovale leuchteten in unbeschreiblich ebenmäßiger Pracht.

Doch dies nur nebenbei. Eigentlich geht es hier um meinen Freund, der nur mühsam unter Zuhilfenahme eines Stocks gehen konnte. Ich fragte ihn, ob er sich in ärztlicher Behandlung befinde. Mein Freund nickte und sagte, er bekomme Kortison und nehme Schmerztabletten. Dann fuhr er fort: »Kannst du mir etwas erklären? Als ich in Schottland bei einer Heilversammlung war, an der mehrere hundert Menschen teilnahmen, warfen in der Kirche einige Gehbehinderte ihre Krücken weg, Taube hörten angeblich wieder, und ich spürte bei der Berührung durch den Heiler eine starke Vibration, die meinen ganzen Körper erfaßte, und konnte zum erstenmal seit langem ohne Stock, dazu noch schmerzfrei, gehen. Aber schon am nächsten Tag ging es mir genauso schlecht wie zuvor. Wie kommt das?«

Ich erklärte ihm den Grund. Die Handauflegung und Behandlung seines Beines durch den sogenannten »Heiler«, der zu ihm gesagt hatte, er sei geheilt und könne gehen, dazu die ganze Atmosphäre mit den Lichtern, dem Gesang, der Musik und der geballten Massenhysterie hatten in ihm Gefühle erregt, die ihm die Kraft gegeben hatten, vorübergehend ohne Stock zu gehen, zumal ihn die hypnotischen Suggestionen für mehrere Stunden von seinen Schmerzen befreit hatten. Doch solche durch hypnotische Suggestionen dem Unterbewußtsein eingepflanzte Gefühlserregungen haben nur zeitlich begrenzte Wirkung; daher der »Rückfall«.

Meine weiteren Ausführungen brachten meinen Freund zu der Einsicht, daß er bisher nicht zur Ursache seines Zustandes vorgedrungen war. Er begriff, daß wirkliche, dauernde Heilung mit Verzeihen einhergeht, mit Liebe und Wohlwollen gegenüber allen Menschen, mit spiritueller Erkenntnis. Zerknirscht bekannte er, daß in seinem Inneren Feindseligkeit und Haß gegenüber vielen Menschen vorherrschten. Ihm wurde klar, daß seine negativen, zerstörerischen Gefühle wesentlich zu seinem Leiden beitrugen.

Ich riet ihm, einen guten Arzt aufzusuchen und für diesen zu beten. Gleichzeitig empfahl ich ihm ein Gebet, durch das er Zugang zu der seinem Unterbewußtsein innewohnenden unendlichen Heilgegenwart Gottes finden konnte.

»Ich verzeihe mir, daß ich negative, zerstörerische Gedanken und Gefühle gegen mich und andere Menschen gehegt habe. Ich gebe alle diese Menschen frei und wünsche ihnen aufrichtig Gesundheit, Glück, Frieden und sämtliche Wohltaten des Lebens. Gegenüber jedem Menschen bekräftige ich: ›Ich habe dich freigegeben, Gott sei mit dir.‹ Ich kenne das Gesetz der Liebe: Indem ich anderen vergebe, entziehe ich meinem Inneren den Stachel des Hasses und der Feindseligkeit.

Die unendliche Heilgegenwart Gottes durchdringt mich, und Gottes Friedensstrom fließt durch mein Inneres. Ich weiß, daß göttliche Liebe mein ganzes Wesen erfüllt und alles auflöst, was ihr nicht gleicht.

Das heilende Licht Gottes erhellt jetzt, in diesem mir geschenkten großen Augenblick, allgegenwärtig die zerstörerischen Kräfte in meinem Inneren. Sie werden aufgelöst durch den Geist der Unversehrtheit, damit dieser jedem Gedanken und jeder Zelle innewohnen kann. Ich danke für die Heilung, die jetzt stattfindet, denn ich weiß, daß jede Heilung vom Allerhöchsten kommt. Weiter weiß ich, daß Gott meinen Arzt führt und daß alles, was der Arzt tut, gut sein wird.«

Mein Freund versprach mir beim Abschied, meine Ratschläge zu befolgen. Bei der Heimkehr fand ich dann einen Brief von ihm vor, in dem er schrieb, daß er das Gebet morgens und abends langsam, ruhig, aufrichtig und voll Gefühl spreche in dem Wissen, daß die darin enthaltenen Wahrheiten spirituelle Schwingungen sind, die in sein Unterbewußtsein eingehen und dort die als Folge seines jahrelangen zerstörerischen Denkens entstandenen Negativmuster auslöschen.

In einem zweiten Brief berichtete er, daß sein Hausarzt über seine Fortschritte staune, daß die Kalkablagerungen, die Entzündung und das Ödem in seinen Beinen zunehmend verschwänden. Er befindet sich auf dem Weg zu echter Heilung. Jedwede Heilung kommt vom Allerhöchsten. *Ich bin der Herr, dein Arzt* (2. Mose 15, 26).

Glaubensreichtum und seine erstaunliche Wirkung

Acht Kilometer nordwestlich der irischen Stadt Cork steht die Burgruine Blarney, in der es einen sagenumwobenen Stein gibt. Wer ihn küßt, erlangt angeblich die Gabe der Beredsamkeit. Um den in eine Mauer eingelassenen Stein küssen zu können, muß man sich an einer Eisenstange festhalten und den Oberkörper neigen.

Ein Geistlicher, der die Ruine besichtigte, erzählte mir, früher seien seine Predigten immer temperamentlos, fade und uninteressant gewesen; doch nachdem er den Stein geküßt habe, sei er ein mitreißender Redner geworden. Seine Kirche sei fast immer bis zum letzten Platz gefüllt, wenn er die heilige Messe vollziehe. Sein Erfolg veranschaulicht die immense Stärke seines Glaubens. In der Bibel heißt es: *Alle Dinge sind möglich dem, der da glaubt* (Markus 9, 23).

Natürlich kann ein Stein nicht die Gabe der Beredsamkeit verleihen, aber Glaube und Erwartung eines Menschen wecken die in seinem Unterbewußtsein schlummernden Kräfte, die die Kräfte Gottes sind, die immer da sind und nur darauf warten, erkannt und genutzt zu werden. Dieser beglückenden Tatsache war sich auch der Geistliche bewußt geworden, und er hatte entsprechend gehandelt. *Um solcher Ursache willen erinnere ich dich, daß du erweckest die Gabe Gottes, die in dir ist...* (2. Timotheus 1, 6).

Der Reichtum von Einsicht und Verständnis

Auf meinem Ausflug zu der Schlucht von Dunloe bei Killarney begleitete mich ein Mann, den wir Johnny nennen wollen. Ein Ritt auf kräftigen Ponys zu dieser Schlucht mit ihren drei kleinen Seen ist ein beliebtes Vergnügen für Touristen. Die hoch aufragenden Berge, die wechselnden Schatten, die Stille und Einsamkeit der oft an steilen Hängen entlangführenden Straße beeindrucken jeden Besucher.

In dieser herrlichen Umgebung erlitt mein Gefährte plötzlich einen Asthmaanfall. Er gab sich sofort eine Adrenalininjektion und verschaffte sich mit einem Inhalierspray etwas Erleichterung. Keuchend stieß er hervor, daß er jeden Tag um die Mittagszeit einen Anfall bekomme. Weil oftmals diese Anfälle ziemlich stark auftreten, muß sofort etwas dagegen unternommen werden. Sein Arzt hatte ihm deshalb gezeigt, wie er in solchen Fällen die Spritze ansetzen mußte.

Als er wieder normal atmete, sagte er: »Kein Wunder, daß ich Asthma habe. Mein Vater hatte es sein Leben lang, und ich war dabei, als er an einem Anfall starb.« Er glaubte, die Krankheit geerbt zu haben, teilte mir jedoch kurz darauf mit, daß er ein Adoptivkind sei – was natürlich eine Vererbung ausschloß.

Bei einem vertraulichen Gespräch nach der Rückkehr von unserem Ausflug gestand mir Johnny, daß sein Adoptivvater einmal im Zorn zu ihm gesagt hatte: »Du bist nicht mein richtiger Sohn. Ich hab' dich aus der Gosse geholt und dir ein Heim gegeben. Du bist ein uneheliches Kind.« Das bewirkte bei Johnny einen furchtbaren Schock. Allmählich entwickelte sich bei ihm ein abgrundtiefer Haß gegenüber seinem Vater. Doch obwohl er diese Sünde oft gebeichtet hatte, hatte sich der Haß in der Tiefe seines Unterbewußtseins festgesetzt. Weil Haß ein negatives, zerstörerisches Gefühl ist, mußte Johnnys Haß früher oder später negativ zum Ausdruck kommen. Als nun der Adoptivvater starb, »übernahm« Johnny die Krankheit als eine Art Selbstbestrafung.

Ich erklärte ihm, nach welchen Gesetzen die unbewußten Mechanismen ablaufen. Dann sagte ich, seine uneheliche Geburt sei offenbar ihm selber peinlich und unangenehm, aber in den Augen Gottes gebe es so etwas wie ein uneheliches Kind nicht.

Ein wirklich illegitimes Kind dagegen sei ein Mensch, der negativ denke und es an Liebe mangeln lasse. Johnny hatte das Asthma einzig deshalb bekommen, weil er der Meinung gewesen war, er müsse wegen seines Hasses auf den Adoptivvater bestraft werden. Ich machte ihm klar, daß sein Adoptivvater zweifellos versucht hatte, ihm nicht nur den Vater, sondern auch die Mutter zu ersetzen. Der eine zornige Ausbruch ändere daran nichts.

Johnny begriff, daß er sich die ganze Zeit über selbst bestraft hatte. Er brachte mich ins Hotel zurück. Dort gab ich ihm ein Exemplar meines Buches *Die Macht Ihres Unterbewußtseins* (erschienen im Ariston Verlag, Genf), schrieb ihm ein besonderes Gebet auf und empfahl ihm, sich von seinem Arzt weiter behandeln zu lassen und dreimal täglich das folgende Gebet zu sprechen.

»Ich gebe meinen Adoptivvater und meine leiblichen Eltern, die nur der Allmächtige kennt, vollkommen frei und überlasse sie Gott. Ich verzeihe mir, daß ich über mich selbst und über andere negative, zerstörerische Gedanken und Gefühle hegte, und ich beschließe jetzt, keine solchen Gedanken und Gefühle mehr aufkommen zu lassen. Sollten mir solche doch wieder kommen, werde ich sofort gläubig bekräftigen: ›Gottes Liebe erfüllt meine Seele.‹ Ich bin entspannt, gefaßt, heiter und ruhig. Gott führt meinen Arzt bei jeder Behandlung, die er an mir vornimmt. Der Atem des Allmächtigen gab mir Leben, und ich weiß, daß Gott, als er mir den Lebensodem einhauchte, mich zu einer lebendigen Seele machte, in der alle Kräfte und Attribute Gottes ruhen. Ich atme den Frieden Gottes ein und atme die Liebe Gottes aus, und Gott durchströmt mich in Form von Harmonie, Freude, Liebe, Seelenfrieden, Unversehrtheit und Vollkommenheit.«

Die in dem Gebet enthaltenen großen Wahrheiten sollte er morgens, mittags und abends etwa fünf Minuten lang bekräftigen. Vor allem sollte er darauf achten, daß er nicht gefühlsmäßig verneinen oder bezweifeln würde, was er bewußt bekräftigte. Wenn ihn Anwandlungen der Angst überfallen oder die ersten Anzeichen für einen drohenden Anfall auftreten würden, sollte er sofort ruhig sprechen: »Ich atme den Frieden Gottes ein und atme die Liebe Gottes aus.«

Kurz nach meiner Rückkehr von der Europareise bekam ich

einen ausführlichen Brief von ihm. Er schrieb mir, daß er völlig frei sei von den Krankheitssymptomen und keinen einzigen Anfall mehr erlitten habe.

Der Reichtum des Verzeihens

Auf einer Fahrt durch das England Shakespeares, die mich auch an den Geburtsort dieses großen Dichters und Denkers führte, nach Stratford-upon-Avon, kam ich mit einer jungen Frau, die aus London stammte, ins Gespräch. Im Laufe der Unterhaltung erzählte ich ihr, daß ich psychologisch und spirituell ausgerichtete Bücher schreibe, die sich mit den Problemen des Menschen befassen. Die Frau war Krankenschwester und litt seit zwei Jahren an einem Hautausschlag. Der Dermatologe des Krankenhauses, an dem sie arbeitete, hatte ihr verschiedene Tinkturen und Salben verschrieben; doch eine Besserung war nicht eingetreten.

Wir sprachen über körperlich-seelische Zusammenhänge, die bei Krankheiten am Werk sind, und ich machte die junge Frau auf die Forschungsarbeit von Frau Dr. Flanders Dunbar aufmerksam. Die Forscherin bezeichnet die Haut als jene Stelle, an der »sich die inneren und äußeren Welten begegnen«, und sie rügt ihre ärztlichen Kollegen, die nicht sehen wollen, daß sehr viele Hautleiden durch destruktive Gefühle wie Eifersucht, Feindseligkeit und Haß und ähnliche unserem Wohlbefinden abträgliche Emotionen verursacht werden. Mit anderen Worten: Die Haut ist ein Ausscheidungsorgan, und seelisch-geistige Gifte, die aus verdrängten Gefühlen wie Schuld, Angst und Reue entstehen, können leicht als Hautkrankheit zutage treten.

Die Krankenschwester fragte, ob sie mich zu einer Beratung aufsuchen dürfe, bevor ich London verließe, und ich stimmte gerne zu.

Ich sprach ganz offen mit der jungen Frau und sagte ihr auf den Kopf zu, daß sie wegen irgend etwas Schuldgefühle habe und glaube, bestraft werden zu müssen. Ins Unterbewußtsein verdrängte Gefühle, so erläuterte ich, kämen früher oder später als körperliche Symptome zum Ausdruck. Dann erklärte ich ihr, daß ihr Hautausschlag in dem Maße zurückginge, in dem sie sich von den belastenden Schuldgefühlen freimache.

Nach einiger Zeit gestand sie mir, sie habe schon seit Jahren ein Verhältnis mit ihrem Zahnarzt, da ihr Mann oftmals mehrere Monate beruflich unterwegs sei. Reue und Gewissensbisse quälten sie deswegen, und sie war innerlich überzeugt, Gott bestrafe sie mit dem Ausschlag für ihre Sünde.

Ich machte ihr klar, daß Gott – als das Prinzip allen Lebens – nie bestraft, sondern daß sich der Mensch durch die falschen Inhalte seines Denkens und Glaubens selbst bestraft. »Die göttliche Heilkraft ist immer am Werk«, erklärte ich ihr, »Sie zu heilen, wiederherzustellen, unversehrt zu halten. Sie erzeugt, wenn Sie sich beispielsweise in den Finger schneiden, neues Gewebe, sie heilt, wenn Sie sich verbrennen, Ihre Haut. Wenn Sie etwa verdorbene Speisen zu sich nehmen, bewirkt dasselbe Lebensprinzip, daß Sie sich erbrechen, denn es ist bestrebt, Sie gesund zu erhalten.«

Da die Frau Krankenschwester war, verstand sie mich sehr rasch. Ich stellte ihr nun die entscheidende Frage: »Wollen Sie wirklich aufrichtig an die unendliche Heilgegenwart glauben, um von Ihrem Ausschlag befreit zu werden?« Ohne zu zögern bejahte sie meine Frage. Darauf sagte ich: »Dann ist das kein Problem. Sie müssen lediglich aufhören, das zu tun, was Sie jetzt tun, und sich selbst verzeihen. Damit sind Ihre Schwierigkeiten behoben.«

Die junge Frau beschloß auf der Stelle, den Zahnarzt nicht wiederzusehen und sich nicht länger selbst zu verurteilen. Selbstverurteilung und Selbstbestrafung sind zerstörerische seelisch-geistige Gifte, die dem Menschen seine Vitalität, Kraft und Stärke rauben und ihn sogar zu einem körperlichen und seelischen Wrack machen können.

Die Krankenschwester faßte den Entschluß, ihr Denken, Glauben und Fühlen so zu ändern, daß es dem göttlichen Gesetz von Harmonie und Liebe entsprach. Wir beteten zusammen und bekräftigten, daß göttliche Liebe, Frieden und Harmonie nun ihr ganzes Wesen erfüllen würden und daß die alles umgreifende göttliche Gegenwart stets über sie wache. Stumm meditierten wir etwa fünf Minuten lang über die heilende Kraft der Liebe Gottes, und danach erinnerte ich die Frau an die große Wahrheit, die jeder Mensch unauslöschlich in seinem Inneren tragen sollte: ... *Eines aber sage ich: Ich vergesse, was da hinten ist, und strecke mich zu dem, was da vorne ist, und jage nach dem vorgesteckten Ziel – nach dem Kleinod* ... (Philipper 3, 13–14).

Das Kleinod, nach dem die junge Frau suchte, setzte sich aus Gesundheit, Glück und Seelenfrieden zusammen. Gegen Ende unserer Meditation begann ein inneres Licht in ihren Augen zu leuchten, und sie spürte, daß ihr in der Stille Göttliches widerfuhr – der Ausschlag verschwand spurlos. Zusammen sprachen wir abschließend: *»Vater, ich danke dir, daß du mich erhöret hast. Doch ich weiß, daß du mich allezeit hörst«* (Johannes 11, 41–42).

Der Reichtum inneren Wissens

Während meines Aufenthalts in London besuchte mich auch eine liebe alte Bekannte mit ihrem zwölfjährigen Sohn in meinem Hotel. Seit über zwei Jahren fürchtete sich der Junge vor jeder kommenden Nacht. Offensichtlich weckte die Dunkelheit in ihm eine Assoziation, der er sich nicht erwehren konnte. Ich fragte die Mutter, ob vor zwei Jahren irgend etwas Außergewöhnliches geschehen war, das in dem Jungen vielleicht einen Schock bewirkt haben konnte, der unter Umständen noch tief in seinem Inneren nachwirkte.

»Das Unterbewußtsein vergißt kein Erlebnis«, erklärte ich, »und hier geht es darum, eine möglicherweise intensive, sehr tief sitzende Verdrängung ans Licht zu bringen.« Die Mutter lehnte sich zurück und dachte angestrengt nach. Dann erinnerte sie sich: »Vor zwei Jahren, als wir noch in Liverpool wohnten, brach um Mitternacht ein Brand in unserem Hause aus. Mein Mann schlug sofort seinen Mantel um den Jungen, um ihn vor dem Rauch zu schützen.« An diesem Punkt weiteten sich plötzlich die Augen des Jungen, Entsetzen ergriff ihn, und erregt stieß er hervor: »Papi wollte mich ersticken!« Das war natürlich die Lösung des Problems.

Behutsam erklärten wir nun dem Jungen, daß sein Vater aus großer Sorge um ihn und aufrichtiger Liebe für ihn so handeln mußte, um Schaden von ihm abzuwehren und ihn unversehrt ins

Freie bringen zu können. Dann erklärte ich der besorgten Mutter: »Was in der Vergangenheit geschehen ist und den Jungen jetzt quält, kann geändert werden, indem er sein Unterbewußtsein mit lebenspendenden Inhalten füllt. Die Änderung ist immer möglich.«

Ich riet nun der Mutter, ihren Sohn weiterhin ärztlich behandeln zu lassen. Gleichzeitig sei es aber unbedingt notwendig, durch das nachfolgende Gebet die unendliche Heilkraft Gottes, die der Junge in sich trägt, zu wecken. Dann bemerkte ich noch, daß beide das Gebet morgens und abends sprechen sollten.

»Mein Junge ist Gottes Sohn. Gott liebt ihn und sorgt für ihn. Gottes Frieden erfüllt seine Seele. Er ist gelassen, heiter, ruhig und entspannt, er fühlt sich wohl. Die Freude am Herrn ist seine Stärke. Gottes unendliche Heilgegenwart durchströmt ihn und gibt ihm Harmonie, Frieden, Freude, Liebe und Vollkommenheit. Gott *ist,* seine Gegenwart belebt, verleiht Energie und stellt im ganzen Wesen Unversehrtheit, Schönheit und Vollkommenheit wieder her. Mein Junge schläft in Frieden ein und erwacht in Freude.«

Die Mutter bat ich, das Gebet für ihren Sohn umzuformulieren, und zwar auf die erste Person gestellt, also: »Ich bin Gottes Sohn. Gott liebt mich ...« und so fort.

Zu meiner Freude bekam ich kurz nach meiner Heimkehr einen Brief, in dem es hieß: »Mein Junge ist geheilt. Er hatte im Schlaf eine Vision. Ein Weiser erschien ihm und sagte zu ihm: ›Du bist frei. Sage das deiner Mutter.‹ Die Vision war äußerst lebendig.« Auf diese Weise – in Form eines Traumbildes – informierte das Unterbewußtsein den Jungen von seiner Heilung. In der Bibel heißt es, der Herr wolle sich *kundmachen in einem Gesicht oder ... reden in einem Traum* (4. Buch Mose 12, 6).

Ein Gebet um inneren Reichtum

Sprechen Sie täglich voll Glauben und Vertrauen das nachstehende Gebet, durch das Sie den inneren Reichtum entdecken, der Sie zu Wohlergehen und Erfolg führt.

»Wandelt auf allen Wegen, die ich euch gebiete, auf daß es euch

wohl gehe. Ich präge mir jetzt Bilder von Wohlergehen und Erfolg ein. Zugleich identifiziere ich mich mit der unendlichen göttlichen Gegenwart in mir und höre auf die ruhige, leise Stimme Gottes. Diese innere Stimme führt mich, sie lenkt mein ganzes Tun. Ich bin eins mit der Fülle Gottes. Ich glaube fest, daß es neue, bessere Wege für die Verwirklichung meiner Vorstellungen gibt, da die meinem Unterbewußtsein innewohnende unendliche Weisheit mir diese neuen Wege offenbart.

Ich wachse an Verständnis und Weisheit. Meine Unternehmungen sind Gottes Unternehmungen. Ich gedeihe und entwickle mich in jeder Weise. Die mir innewohnende unendliche Weisheit Gottes offenbart mir die Mittel, mit deren Hilfe ich erreiche, was ich mir bildhaft vorgestellt habe. Ich bin zutiefst überzeugt, daß ich das erreiche. Ich sehe, wie sich die Türen zu Erfolg und Wohlergehen vor mir öffnen, und freue mich. Ich weiß, daß Geist von seinem Geiste alles, was mich betrifft, vollkommen werden läßt. Ich bin ein Kind des lebendigen Gottes.«

Zusammenfassung

1. Eifersucht, Feindseligkeit und Haß sind seelisch-geistige Gifte, die Ihnen Ihre Vitalität, Begeisterung und Energie rauben. Oft geschieht es, daß ein Mensch aus Haß einem anderen gegenüber jede Nahrung verweigert, um dessen Aufmerksamkeit auf sich zu ziehen. Auf diese Weise begeht er langsamen Selbstmord. Doch jeder Mensch vermag eine Verwandlung in seinem Inneren hervorzurufen, indem er Seele und Geist dem Zustrom göttlicher Liebe öffnet, um sich dann bewußt zu werden, daß man von anderen geliebt, geschätzt und gebraucht wird.

2. Wenn Sie das Göttliche in Ihnen und jedem Menschen erkennen und akzeptieren, daß Gott Sie dort benötigt, wo Sie sich gerade befinden, wird mit Ihnen eine Veränderung vorgehen, und Sie werden die Schätze des Unendlichen in Form von Liebe, Freude, Seelenfrieden und Fülle freisetzen.

3. Wahrer Glaube besteht in der Einsicht, daß Gott als Inbegriff und Allgegenwart des Geistes, der Sie erschaffen hat, alle Prozesse und Funktionen Ihres Körpers kennt und zweifellos weiß, wie er Sie heilen kann. Vertrauen Sie der göttlichen Heilkraft in Ihnen.

4. Wenn Sie krank sind, sollten Sie sich in ärztliche Behandlung begeben und nicht nur für sich selbst, sondern auch für Ihren Arzt beten, denn: *Ehre den Arzt mit gebührender Verehrung ... denn der Herr hat ihn geschaffen* (Jesus Sirach 38, 1–2).

5. Manche Kranke erleben bei öffentlichen Heilversammlungen starke, sich bis zur Hysterie steigernde Gefühle, die oft eine vorübergehende Schmerzlinderung zur Folge haben, so daß zum Beispiel Gehbehinderte eine Zeitlang ohne Krücken gehen können. Eine wirkliche, dauernde Heilung setzt jedoch den inhaltlichen Einklang von Geist, Seele und Gemüt voraus oder – anders ausgedrückt – die Übereinstimmung der Inhalte von Bewußtsein und Unterbewußtsein. Dieser Zustand ist nur zu erreichen, wenn Sie aus ganzem Herzen an die unendliche Heilgegenwart in Ihrem Inneren glauben. Beim Beten um Heilung muß das Verzeihen gegenüber sich selbst und allen anderen Menschen lebendig sein.

6. Negative, das heißt zerstörerische Gedanken oder Gefühle prägen sich dem Unterbewußtsein ein und sind oft die Ursache von Krankheiten. Wenn sich ein Mensch schuldig fühlt, meint er, bestraft werden zu müssen. Doch er bemerkt nicht, daß er sich in Wirklichkeit selbst bestraft. Gott als das Prinzip allen Lebens bestraft nie. Die in jedem Menschen vorhandene göttliche Heilkraft ist da, um zu heilen und ihn unversehrt zu halten.

7. Ein wunderbares Gebet, um die Kraft zum Verzeihen zu erlangen, lautet: »Ich verzeihe mir, daß ich über mich selbst und gegenüber anderen negative, zerstörerische Gedanken und Gefühle hegte, und ich beschließe jetzt, solchen Anwandlungen nicht mehr zu erliegen. Sollten mir solche gleichwohl wieder kommen, werde ich sofort gläubig bekräftigen: ›Gottes Liebe erfüllt meine Seele.‹ «

8. Fassen Sie einen Entschluß: Vergessen Sie die Vergangenheit und speisen Sie Ihr Inneres mit der Liebe, dem Frieden und der Harmonie Gottes. Erkennen Sie, daß die Liebe Gottes alles auflöst, was ihr nicht gleicht. Was immer in der Vergangenheit geschehen ist, Sie können es jetzt ändern. Füllen Sie Ihr Unterbewußtsein mit lebenspendenden Inhalten, dann löschen Sie alles aus, was Gott nicht ähnlich ist.

9. Die angegebene Meditationsübung hilft Ihnen, den inneren Reichtum zu entdecken und somit Wohlergehen und Erfolg zu erlangen.

KAPITEL 5

Wie Ihr Denken und Glauben Sie zu Reichtum führen

Die Welt ist voller Schätze. Sie hält ihre ganze Fülle für Sie bereit – all die uns bekannten, aber auch die zahllosen heute noch unentdeckten Reichtümer, die nur ihrer Entdeckung harren. Entdecken Sie sie! Sie können eine einzige Idee haben, die vielleicht ein Vermögen wert ist! Sie leben hier und jetzt, um die Ihnen innewohnende göttliche Weisheit freizusetzen und sich mit Schönem, Erfreulichem und all den Reichtümern, die das Leben für Sie bereithält, zu umgeben.

Welche Einstellung haben Sie zum Geld?

Es ist ganz normal und natürlich, daß Sie sich ein glücklicheres, erfüllteres und auch materiell reicheres Leben wünschen. Für die Verwirklichung dieses Wunsches benötigen Sie natürlich Geld. Dies wiederum setzt die richtige Einstellung zum Geld voraus. Machen Sie sich bewußt: Geld ist nichts Schlechtes. Es ist das, was Sie aus ihm machen. Wenn Sie sich mit dem Geld »anfreunden«, wird es Ihnen nie mangeln. Betrachten Sie das Geld als eine Idee Gottes!

Wenn in Ihrem Leben das Geld frei zirkuliert, sind Sie wirtschaftlich gesund, genau wie Sie körperlich gesund sind, wenn in Ihren Adern das Blut ungehindert pulsiert. Sehen Sie die wirkliche Bedeutung und die wichtige Rolle des Geldes für den Menschen, indem Sie es als Symbol des Austauschs verstehen. Geld sollte für Sie Freisein von Mangel bedeuten und als Grundlage dienen für den Zugang zur Fülle dieser Welt, die sich Ihnen tagtäglich darbietet.

Das phantastische Ergebnis ihrer neuen Einstellung zum Geld

Armut ist nichts anderes als eine bestimmte Geisteshaltung. Dies demonstriert der Fall einer jungen Schriftstellerin. Obwohl von ihr bereits mehrere hervorragende Bücher veröffentlicht worden waren, litt sie finanzielle Not. Sie sagte zu mir: »Ich schreibe nicht für Geld.« Darauf erwiderte ich: »Was haben Sie gegen Geld? Es ist zwar richtig, daß Sie nicht für Geld schreiben, aber eine gute Arbeit ist ihren Lohn immer wert. Was Sie schreiben, richtet andere auf, ermutigt, inspiriert sie. Wenn Sie nun auch noch die richtige Einstellung zum Geld entwickeln, werden Ihnen automatisch reichlich finanzielle Mittel zuströmen.«

Tatsächlich verabscheute die Schriftstellerin das Geld. Einmal nannte sie es »dreckig«, und den Wunsch, etwas zu verdienen, bezeichnete sie als »gemeine Profitsucht«. Offensichtlich hatte sie ihrem Unterbewußtsein die Überzeugung eingeprägt, Armut sei eine Tugend.

Ich erklärte ihr, daß es im Universum nichts Schlechtes gebe, Gutes oder Schlechtes werde nur zu dem, was es sei, aufgrund der Einstellung, Motivation und Verwendung der Menschen. »Alles Übel«, sagte ich, »resultiert aus dem falschen Verständnis unseres Lebens und der Unwissenheit über die Gesetze des Denkens und Glaubens.«

Auf meine Erklärungen hin beschloß die Schriftstellerin, ihre Einstellung zum Geld zu ändern. Um ihre Einkünfte zu vervielfachen, wandte sie die folgende einfache Suggestionstechnik an: »Meine Bücher ermutigen und inspirieren Geist und Seele der Menschen, und ich erhalte auf wunderbare Weise dafür göttlichen Lohn. Ich betrachte das Geld als göttlich, denn alles, was ist, kommt von Gott. Ich weiß, daß Materie und Geist eins sind. In meinem Leben zirkuliert ständig Geld, das ich klug und konstruktiv gebrauche. Geld fließt mir ungehindert und in Fülle zu. Geld ist eine Idee im Geiste Gottes. Es ist nützlich und verschafft mir und anderen Menschen Zugang zur Fülle des Lebens.«

Mit diesem Gebet löschte die Schriftstellerin die abwegige, abergläubische Vorstellung, Geld sei »dreckig«, in ihrem Bewußtsein und ihrem Unterbewußtsein aus. Sie hatte begriffen, daß man das, was man verabscheut, nicht anziehen kann. Ihre neue Einstellung jedoch wirkte sich wunderbar aus: Innerhalb von drei Monaten verdreifachten sich ihre Einkünfte, und dies war erst der Anfang eines phantastischen Aufschwungs, den ich zu meiner Freude aus ziemlicher Nähe (da ich mit ihrem Verleger befreundet bin) mitverfolgen konnte.

Warum es ihm trotz harter Arbeit an Geld mangelte

Vor einigen Jahren unterhielt ich mich mit einem Geistlichen, der einer großen Gemeinde vorstand und auf eine beachtliche Zahl von »Getreuen« verweisen konnte. Er war ein in seelisch-geistiger Hinsicht sehr gebildeter Mann und verstand es, sein Wissen anderen mitzuteilen; doch finanziell mußte er sich immer »nach der Decke strecken«. Er hatte in der Bibel eine nach seiner Meinung gute Entschuldigung für seine Geldnot gefunden: *Geldgier ist eine Wurzel allen Übels* (1. Timotheus 6, 10). Aber er beachtete nicht, was im siebzehnten Vers des gleichen Kapitels steht, in dem Paulus die Menschen auffordert, ihre Hoffnung auf den lebendigen Gott zu setzen, *der uns dargibt reichlich, allerlei zu genießen* (1. Timotheus 6, 17).

Dies bedeutet, daß wir auf Gott als Inbegriff des Geistes, zu dem wir Zugang haben, und Urheber auch aller materiellen Dinge vertrauen sollen. Nicht dem Geld, sondern dem allem Materiellen übergeordneten geistigen Prinzip sollen wir vertrauen. Sagt sich jemand: »Alles, was ich will, ist Geld. Nichts als Geld zählt!«, so kann er es, wenn er sein Denken und Glauben nur darauf konzentriert, bekommen; aber für ein glückliches, harmonisches, ausgewogenes Leben genügt Geld allein nicht. Wer Geldverdienen zu seinem einzigen Lebensziel macht, begeht einen schwerwiegenden Fehler und trifft eine falsche Wahl, denn die ausschließliche Konzentration auf Geldgewinn (oder auch Machtzuwachs) zeitigt die fatale Folge des Mangels an den wahren Werten des Lebens. Wir sind hier auf Erden, um unsere Fähigkeiten und Talente zu entfalten, den richtigen Platz im Leben zu finden und die Freude zu erleben, zum Wachstum, Glück und Erfolg auch anderer Menschen beizutragen. Kurz:

Wir sollen echte Erfüllung erfahren.

Wenn Sie dieses Buch gründlich lesen und Ihr Denken und Glauben auf die universellen Wahrheiten, zu denen Sie über Ihr Unterbewußtsein direkten Zugang haben, einstimmen, dann erhalten Sie das Geld, das Sie benötigen, und darüber hinaus wird Ihnen Seelenfrieden, Harmonie und wahres Glück zuteil.

Dem an Geldnot leidenden Geistlichen erläuterte ich, daß er die Bibel falsch auslege, wenn er das Geld – das als solches sicher wertfrei sei – als schlecht bezeichne; in dieser seiner falschen Einstellung liege die Ursache des Mangels. Daraufhin änderte er seine Einstellung und gab seine falsche Überzeugung auf. Von nun an bekräftigte er regelmäßig und systematisch: »Die Weisheit des mir innewohnenden unendlichen Geistes offenbart mir bessere Wege, anderen zu dienen. Ich werde inspiriert und erleuchtet, und ich bewirke bei allen, die mich hören, eine ›Transfusion‹ des Vertrauens und des Glaubens an die göttliche Allgegenwart und Allmacht. Ich betrachte Geld als eine Idee Gottes. Es zirkuliert ständig in meinem und im Leben meiner Pfarrkinder. Wir benutzen es dank Gottes Führung und Weisheit zu jeder Zeit vernünftig, wohlangebracht und aufbauend.«

Der Geistliche erhob dieses Gebet zur täglichen Gewohnheit. Er wußte, daß es die Kräfte seines Unterbewußtseins aktivieren würde. Heute sieht sein Leben anders aus: Seine Pfarrgemeinde ermöglichte ihm den Bau einer neuen Kirche. Er spricht im Rahmen einer eigenen Rundfunksendung, die große Beachtung findet, regelmäßig zu einem breiten Publikum, und seine Einkünfte erlauben ihm spielend die Erfüllung seiner persönlichen und kulturellen Bedürfnisse.

Die vierstufige Formel zur geistigen Einstimmung auf Reichtum

Wenn Sie dieses Verfahren genau anwenden, werden Sie zeit Ihres Lebens das Wort Geldnot aus Ihrem Gedächtnis streichen können.

Stufe 1: Machen Sie sich klar, daß Gott – oder das geistige Prinzip allen Lebens – der Ursprung des unendlichen Universums, der Milliarden von Galaxien mit wiederum Milliarden von

Gestirnen und alles dessen ist, was da auf unserer Erde ist: Meere, Berge, Täler, Flora, Fauna und Mensch. Auch Sie sind Ausdruck dieses geistigen Lebensprinzips, und Sie tragen die göttlichen Fähigkeiten und Kräfte in sich. Gelangen Sie zu dem fundamentalen Schluß, daß alles, was Sie sehen und dessen Sie sich bewußt sind, aus dem unendlichen Geist Gottes, dem Inbegriff des Geistes, kam und kommt und daß alles, was der Mensch je erfunden oder hergestellt hat und erfindet oder herstellt, aus demselben Geist kam und kommt. Doch begreifen Sie auch, daß der Geist Gottes und der Geist des Menschen eins sind, denn es gibt nur einen einzigen, den göttlichen Geist, der auch allen Menschen innewohnt. Ziehen Sie die klare Folgerung, daß Gott die unversiegbare Quelle Ihrer Energie, Vitalität, Gesundheit und schöpferischen Ideen ist – wie auch die unversiegbare Quelle aller materiellen Güter und Reichtümer, auch des Geldes.

Stufe 2: Beschließen Sie jetzt, Ihrem Unterbewußtsein die Idee »Reichtum« bildhaft einzuprägen. Ideen gelangen durch ständige Wiederholung ihrer Inhalte, durch intensives Glauben und durch unerschütterliche Erwartung ins Unterbewußtsein. Wenn Sie sich ein Denkmuster oder ein Vorstellungsbild ständig vergegenwärtigen, wird daraus ein Automatismus, und Ihr so geprägtes Unterbewußtsein wird, gleichsam autonom agierend, alles daransetzen, die Inhalte Ihres Denkens und Glaubens zu verwirklichen. Es drängt, ja zwingt Sie, zielorientiert zu handeln. So werden Sie geradezu gezwungen, die Idee »Reichtum« in Ihrem Leben zum Ausdruck und somit zur Geltung zu bringen. Der Vorgang ist der gleiche wie jener, der abläuft, wenn jemand lernt, zu gehen, zu schwimmen, Klavier zu spielen, Maschine zu schreiben usw. Sie müssen tief überzeugt an das glauben, was Sie denken und bekräftigen. Seien Sie sich darüber klar, daß die Inhalte Ihres Denkens und Glaubens wie Apfelkerne sind, die man in den Boden legt, damit sie einmal reichen Ertrag einbringen. Wenn Sie Ihre »Gedankenkerne« darüber hinaus im Gefühl der Erwartung hegen und pflegen, beschleunigen Sie erheblich deren Wachstum. Machen Sie sich bewußt, was Sie tun und warum Sie es tun.

Stufe 3: Wiederholen Sie die folgende Bekräftigung jeden Abend und jeden Morgen: »Ich präge meinem Unterbewußtsein jetzt die Idee göttlichen Reichtums ein. Gott ist die unversiegbare Quelle aller guten Dinge des Lebens. Alle meine Bedürfnisse werden in jedem Augenblick der Zeit und an jedem Punkt des Raumes erfüllt. Gottes Reichtum fließt ungehindert und reichlich in mein Dasein, und ich danke für den Reichtum Gottes, der in meinem Leben unaufhörlich zirkuliert.«

Stufe 4: Sollten Sie Gedanken des Zweifels oder Gefühle der Angst anwandeln, beispielsweise: »Ich kann mir diese Reise nicht leisten« oder: »Ich kann diese Rechnung nicht bezahlen«, kehren Sie den Inhalt sofort ins Gegenteil um. Lassen Sie sich von momentan aufkommenden Sorgen über Ihre derzeitige finanzielle Situation nicht beeindrucken, sondern bekräftigen Sie dagegen: »Gott ist meine immerwährende, jederzeit verfügbare Versorgungsquelle.« Fällt Sie fünfzigmal in der Stunde eine negative Anwandlung an, dann kehren Sie das Negative fünfzigmal ins Positive um. Denken Sie: »Mangel an irgendwelchen Dingen ist nicht gottgewollt. Das Geld ist eine Idee Gottes. Die mir innewohnende unendliche Weisheit wird mein Handeln richtig und zu meinem Besten führen.« Nach einer Zeitlang wird der Aspekt finanzieller Knappheit jedwede Kraft verlieren, und Sie werden feststellen, daß Ihr Unterbewußtsein auf Reichtum eingestimmt sein wird. Wenn Sie ein neues Auto betrachten, sollten Sie nie denken: »Ich kann es mir nicht kaufen.« Sagen Sie sich vielmehr: »Dieser Wagen steht zum Verkauf. Er ist eine göttliche Idee, und ich akzeptiere ihn in göttlicher Fügung.«

Dies ist der bewährte Schlüssel zu Wohlstand und Reichtum. Wenn Sie das vorstehende Vier-Stufen-Programm genau und konsequent durchführen, wird das Prinzip der Fülle für Sie genauso wirken wie für jeden anderen, denn die universellen Gesetze des Geistes schließen keinen Menschen aus. Ihr Denken und Glauben machen Sie arm oder reich. Entscheiden Sie sich hier und jetzt für die Reichtümer des Lebens.

Ein Vertreter steigerte seine Provision auf das Fünffache

Der Verkaufsleiter eines großen Unternehmens schickte einen seiner Mitarbeiter zu mir. Der Mann, der das College mit ausgezeichneten Zeugnissen abgeschlossen hatte und seine Produkte sehr gut kannte, betreute als Vertreter ein erwiesenermaßen ergiebiges Verkaufsgebiet, verdiente jedoch im Jahr nur etwa fünftausend Dollar an Provisionen. Der Verkaufsleiter vertrat die Ansicht, daß der Mann auf das Doppelte oder Dreifache dieses Betrages kommen müßte.

In dem folgenden Beratungsgespräch mit dem jungen Mann fand ich heraus, daß er hinsichtlich seines Einkommens völlig mutlos war. Diese Mutlosigkeit und seine Angst vor gewinnbringenden Entscheidungen waren auf seine Kindheit, und zwar auf seine damalige Umgebung und seine Erziehung, zurückzuführen: Er war in einem Elternhaus aufgewachsen, in dem der tägliche Mangel an allen möglichen Dingen den Lebensrhythmus bestimmte. Und da seine Eltern diesen Zustand akzeptierten, wurde er geradezu gezwungen, die Armut als etwas Natürliches und Gottgegebenes hinzunehmen. Und bei seinen wenigen Versuchen, diesem Zustand zu entfliehen, wurde er von seinem Stiefvater jedesmal auf »den Boden der Tatsachen« zurückgeholt: »Du wirst es nie zu etwas bringen.« Diese Umstände führten schließlich zu der »Erkenntnis«, daß Geldknappheit und Eingeengtheit sein ganzes Leben bestimmen würden.

Ich machte dem Vertreter klar, daß er sein Unterbewußtsein umprägen könne, indem er es mit lebenspendenden Mustern speise. Auf seinen Wunsch hin gab ich ihm eine spirituelle Formel. Ich sagte ihm, sie werde sein Leben verändern, wenn er sie beharrlich anwende. Er müsse aber darauf achten, daß er innerlich nie bezweifle oder verneine, was er bewußt bekräftige, weil sein Unterbewußtsein immer das akzeptiere, was er wirklich glaube.

Jeden Morgen, bevor er zur Arbeit ging, vergegenwärtigte er sich nun: »Ich bin zum Erfolg geboren, das Unendliche in mir kann nicht scheitern. Göttliches Recht und göttliche Ordnung beherrschen mein Leben, göttlicher Friede erfüllt meine Seele, göttliche Liebe durchdringt meinen Geist und mein Gemüt. Die mir innewohnende unendliche Weisheit führt mich auf allen Wegen. Gottes Reichtümer strömen mir ungehindert zu. Ich komme voran, entwickle mich und wachse geistig wie auch finanziell und in jeder anderen Hinsicht. Ich weiß, daß diese

Wahrheiten in mein Unterbewußtsein sinken, wachsen und in meinem Leben zur Geltung kommen werden.«

Als ich den Vertreter ein Jahr später wieder traf, war er ein völlig verwandelter Mensch. Er sagte zu mir: »Ich habe die Wahrheiten, über die wir seinerzeit sprachen, aufgenommen, felsenfest an sie geglaubt und auf mein Inneres einwirken lassen. Wunderbare Dinge sind mir widerfahren. Ich konnte mein Einkommen dieses Jahr auf das Fünffache steigern.«

Er hat die fundamentale Wahrheit erfahren, daß alles, was er seinem Unterbewußtsein einprägt, in seinem Leben zur Geltung kommen wird.

Eine Meditationshilfe für Ihre positive Grundeinstellung

Die nachstehende Meditationsübung wird Ihnen finanziellen Erfolg und Wohlergehen in jeder Hinsicht einbringen.

»Du hast ihn zum Herrn gemacht über deiner Hände Werk. Ich weiß, daß mein Glaube an Gott meine Zukunft bestimmt. Mein Glaube an Gott bedeutet Glauben an das Gute des Lebens. Ich vereinige mich jetzt geistig mit dem, was ich als wahr und gut erkenne, und ich weiß, daß die Zukunft dem Bild und Inhalt meines gewohnheitsmäßigen Denkens und Glaubens entsprechen wird. Wie der Mensch im innersten Herzen denkt, so ist er.

Von diesem Augenblick an ist meine Geistes- und Gefühlshaltung ausgerichtet auf alles, *was wahrhaftig ist, was ehrbar, was gerecht, was keusch, was lieblich, was wohl lautet.*

Tag und Nacht meditiere ich über diese positiven Aspekte des Lebens, und ich weiß, daß solche positive Suggestionen, die ich mir täglich eingebe, wie Samen, die ich ins Erdreich lege, reiche Ernte bringen werden. Ich weiß: Mein Denken, Glauben und Fühlen gestalten mein Leben, meine Zukunft.«

Zusammenfassung

1. Vergegenwärtigen Sie sich die wahrhaft reichen Schätze des Universums und dieser Erde. Es gibt spirituelle und materielle Reichtümer, die nur ihrer Entdeckung harren. Entdecken Sie sie. Ihnen wohnt ein Führungsprinzip inne, das Sie, wenn Sie es anrufen, zu den Reichtümern führt, nach denen Sie streben.

2. Eine alte Redensart besagt, man solle »sich mit dem Geld anfreunden«, dann werde man immer Geld haben. Betrachten Sie das Geld als eine Idee Gottes. Stellen Sie sich bildhaft vor, daß in Ihrem Leben genügend Geld zirkuliert. Ihr Unterbewußtsein wird dann auf dieses Bild eingestimmt und Ihr Handeln entsprechend steuern.

3. Wenn Sie Geld als »dreckig« bezeichnen, werden Sie es nie zu Wohlstand und Reichtum bringen. Geld ist wertfrei – aber auch das, was der Mensch aus ihm macht. Ändern Sie Ihre Einstellung zum Geld. Erkennen Sie, daß Sie ein Recht haben, für Ihre Arbeit honoriert zu werden, ob Sie nun als Schriftsteller, Busfahrer oder Gärtner arbeiten. Denken Sie an all das Gute, das Sie tun können, wenn in Ihrem Leben das Geld frei und in Fülle zirkuliert.

4. Wer das Geld verabscheut, wird finanzielle Not leiden, auch wenn er noch so hart arbeitet. Sie sollten aber das Geld beileibe nicht zu einem Fetisch machen, sondern nur erkennen, daß es für Sie nötig und nützlich ist. Betrachten Sie als den wirklichen Ursprung von Reichtum und Wohlstand – wie von allem, was da ist – Gott. Wenn Sie Gott vertrauen, werden die Quellen Ihrer Versorgung nie versiegen.

5. Der bewährte Schlüssel zur geistigen Einstimmung auf Reichtum besteht darin, zu dem klaren Schluß zu gelangen, daß Gott – das universelle Prinzip des Geistes und allen Lebens – der Ursprung von allem ist, was im Universum vorhanden ist, und daß auch alles, was der Mensch hergestellt hat und herstellt, aus dem Geiste Gottes kam und kommt. Wenn Sie dies zu denken und zu glauben vermögen, werden Sie nie Mangel leiden.

6. Sollten Sie negative Anwandlungen anfallen, dann bekräftigen Sie umgehend: »Gott ist meine immerwährende, jederzeit verfügbare Versorgungsquelle.« Das Geheimnis beruht darin, momentane Sorgen über Ihre finanzielle Situation nicht aufkommen zu lassen. Nach einer Zeitlang werden solche Anwandlungen des Zweifels und der Angst ausbleiben, und Sie werden feststellen, daß Ihr Unterbewußtsein auf Wohlstand und Reichtum ausgerichtet wird.

7. Ein Vertreter steigerte seine Provisionen in einem Jahr auf das Fünffache, denn er hatte erkannt, daß seine Überzeugung, er müsse

arm bleiben, falsch war. Der berufliche Erfolg setzte ein, nachdem er sein Unterbewußtsein durch sein neues Denken und Glauben an Erfolg, Fülle und dementsprechendes Handeln umprogrammiert hatte.

8. Die angegebene Meditationsübung hilft Ihnen, sich eine positive Grundeinstellung anzueignen; es wird Ihnen dann leichtfallen, es auch zu materiellem Wohlstand und Reichtum zu bringen.

KAPITEL 6

Wie Sie wirksam um die unendlichen Reichtümer beten

Wenn Sie die Weisheit bekräftigen: »Die Freude am Herrn ist meine Stärke«, so wird unweigerlich Freude in Ihr Leben einziehen. Analysieren Sie die Freude jedoch nicht, denn sie ist der eigentliche Lebensschwung, die Lebensäußerung, die Sie zu tragen vermag. Versuchen Sie auch nicht, Freude herbeizuzwingen. Wenn Sie beten, soll weder Willenskraft noch irgendein innerer oder äußerer Zwang im Spiel sein. Seien Sie einfach überzeugt und bekräftigen Sie ruhig, daß die Freude des Herrn Sie jetzt durchströmt und daß deshalb Wunder eintreten werden. Das Ergebnis werden tiefer Seelenfrieden und innere Freiheit sein.

Beten befreite sie von finanziellen Sorgen

Eine seit längerem verwitwete Frau erzählte mir einmal: »Ich war finanziell am Ende, denn ich besaß nicht einmal mehr genug Geld, um meine Kinder ausreichend mit den wichtigsten Lebensmitteln zu versorgen. Meine Barschaft betrug noch ganze fünf Dollar. Ich nahm sie in die Hand und sagte: ›Gott wird dieses Geld entsprechend seiner unendlichen Güte um ein Vielfaches vermehren, denn ich werde jetzt mit den Reichtümern Gottes gesegnet. Meine Bedürfnisse werden jetzt und alle Tage meines Lebens erfüllt.‹ Das bekräftigte ich etwa eine halbe Stunde lang, dann überkam mich ein Gefühl tiefen Friedens.

Am Tag darauf gab ich die fünf Dollar für Nahrungsmittel aus. An der Kasse fragte mich der Inhaber des Geschäfts, ob ich nicht als Kassiererin bei ihm anfangen wolle. Ich nahm das Angebot, weil es für mich ein Angebot Gottes war, sofort an. Schnell bereitete mir meine Arbeit große Freude, und diese Freude beherrschte bald mein ganzes Wesen. Ich war innerlich ausgeglichen, und daher strahlte uneingeschränkte Zuversicht auf meine ganze Umgebung aus. Mein Glück war vollkommen, als mich, kaum ein Jahr später, mein Chef zum Standesamt führte. Seit dieser Zeit genießen wir alle Reichtümer des Lebens.«

Diese Frau hatte sich gläubigen Herzens an Gott als den Ursprung aller Wohltaten gewandt und daraufhin seine Segnungen empfangen. Das Gute war für sie phantastisch vergrößert und vermehrt worden.

Das Gebet einer Lehrerin zeitigte erstaunliche Wirkungen

Vor einiger Zeit unterhielt ich mich während eines Fluges nach Hawaii mit einer jungen Lehrerin. Sie erzählte mir, daß sie an einer Klosterschule Spanisch und Französisch unterrichte. Doch dies ist nicht der eigentliche Grund, warum ich jene Begebenheit hier niederschreibe. Nach einiger Zeit kamen wir auf den täglichen Unterrichtsablauf zu sprechen. Interessiert hörte ich zu, wie die Lehrerin erklärte, daß sie jeden Morgen den Unterricht mit einem gemeinsamen Gebet des folgenden Inhalts einleite: »Ich bin ein Kind Gottes. Die unendliche Weisheit Gottes führt und leitet mich bei meinen Studien. Ich bestehe alle Prüfungen in göttlicher Fügung. Ich strahle gegenüber meinen Klassenkameraden Wohlwollen und Freundlichkeit aus. Ich bin fröhlich, glücklich und frei. Gott liebt mich und sorgt für mich.«

Die Lehrerin sagte, in ihren Schülern sei durch das Beten eine ungeheure Veränderung vorgegangen: Es herrsche kein Neid mehr untereinander, jeder Schüler sei bestrebt, seinen Mitschülern zu helfen und die Klasse als eine echte Gemeinschaft anzusehen. So sei auch in den letzten drei Jahren kein einziger aus ihren Klassen bei irgendeiner Prüfung durchgefallen. Wie sie mir berichtete, gibt sie ihren Schülern täglich eine »Transfusion« des Glaubens an den Allmächtigen, indem sie ihnen versichert, sie würden in ihren Studien göttlich gelenkt und geleitet und hätten ein vollkommenes Gedächtnis für alles, was sie wissen müssen. Die Schüler hören zu und nehmen ihre Worte in sich auf. Die darin enthaltenen Wahrheiten sinken ins Unterbewußtsein der Kinder, und zwangsläufig wird all das, was sie ihrem Unterbewußtsein eingeprägt haben, in ihrem Leben sichtbar zur Geltung kommen.

Diese Lehrerin ist eine Frau, die vielen Lehrern als Vorbild dienen könnte. Sie hat entdeckt, daß die Hinwendung zu Gott in Form eines Gebets, das psychologisch fundiert ist, erstaunliche Wirkungen zeitigt.

Dieses Erlebnis bescherte mir noch eine besondere Freude. Die Frau, die da Sitz an Sitz mit mir nach Hawaii flog, sagte mir, sie verdanke ihre Überzeugung dem Buch *Die unendliche Quelle Ihrer Kraft,* das »ein Landsmann, ein gewisser Joseph Murphy«, geschrieben habe ...

Die Erkenntnisse des Göttlichen im Menschen brachte die Wende

Ein völlig verzweifelter Abteilungsleiter eines bedeutenden Handelsunternehmens suchte bei mir Rat und Hilfe. Er war entlassen worden, weil er trank und weil er mit einer der Sekretärinnen in seinem Büro ein Verhältnis angefangen hatte. Der Mann machte sich große Sorgen wegen seiner Frau und seiner beruflichen Zukunft.

Als ich anschließend mit seiner Frau sprach, fand ich bald heraus, daß sie die Tendenz hatte, ihn ständig zu bevormunden, ihm ihren Willen aufzuzwingen, ihn regelrecht zu beherrschen. Sie war maßlos eifersüchtig und kontrollierte genau, wann er abends nach Hause kam. Sehr oft machte sie ihm auch wegen belangloser Kleinigkeiten eine Szene.

Der Mann verhielt sich, wie eben ein emotionell und spirituell unreifer Mensch, der sich in einer Sackgasse befindet, reagiert: Da ihm die Bevormundung durch seine Frau zuwider war, nahm er Zuflucht beim Alkohol und bei einer anderen Frau. Er sagte zu mir: »Ich wollte mich einfach an ihr rächen.«

Nach einigen mit mir geführten Gesprächen beschlossen die beiden, füreinander zu beten. Sie erkannten, daß es zwischen ihnen nicht länger Bitterkeit oder gar Feindseligkeit geben konnte, wenn sich jeder von ihnen das Göttliche im anderen vergegenwärtigte. Denn: Gottes Liebe merzt alles aus, was ihr nicht gleicht.

Die Frau betete jeden Abend und jeden Morgen: »Mein Mann ist ein Sohn Gottes. Gott führt ihn zum richtigen Platz. Was er sucht, das sucht auch ihn. Gottes Liebe erfüllt seine Seele, Gottes Friede erfüllt sein Herz und sein Gemüt. Gott läßt ihn in jedem Augenblick richtig handeln. Zwischen uns herrschen Harmonie, Frieden, Liebe und Verständnis. Unser beider Leben ist in der Hand Gottes.«

Der Mann wiederum betete jeden Abend und jeden Morgen: »Meine Frau ist ein Kind Gottes. Gott liebt sie und sorgt für sie. Gottes Liebe, Frieden, Harmonie und Freude durchströmen sie zu jeder Zeit, und sie wird auf allen Wegen göttlich geführt. Zwischen uns herrschen Harmonie, Frieden, Liebe und Verständnis. Wir beide sehen in dem anderen das in jedem Menschen innewohnende Göttliche.«

Da sich beide Ehepartner ihrer zunehmenden Ausgeglichenheit gewahr wurden, gelangten sie zu der festen Überzeugung, daß daraus nur Gutes erwachsen könne. Sie hatten sich eine neue, eine positive Erwartungshaltung angeeignet. Einige Zeit verging, dann rief der Firmenchef an und teilte seinem ehemaligen Abteilungsleiter mit, daß er auf seinen Posten zurückkehren könne, nachdem er sich mit seiner Frau ja wieder versöhnt und er, der Chef, seine in der Vergangenheit erworbenen großen Verdienste um die Firma nicht vergessen habe. Tatsächlich hatte die Frau ohne Wissen des Mannes den ehemaligen Firmenchef aufgesucht und diesem die Geschichte ihres Auseinanderlebens und glücklichen Wiederfindens erzählt und den tief beeindruckten Chef zur Wiedereinstellung ihres Mannes bewogen.

Dieses Ehepaar hat an sich erfahren, welchen inneren und äußeren Reichtum man durch Beten zu erlangen vermag.

Sorgen Sie für die richtige Geistes- und Gefühlshaltung

Bekräftigen Sie möglichst oft voll Gefühl und zutiefst von der Richtigkeit Ihrer Ansicht überzeugt, daß Gott das Gute für Sie vervielfacht und daß Sie jeden Augenblick des Tages reicher werden, und zwar geistig, seelisch und auch materiell, denn der jedem Menschen innewohnenden unendlichen Fülle und Weisheit Gottes sind keine Grenzen gesetzt. Wenn Sie Ihrem Unterbewußtsein diese Wahrheiten einprägen, werden Sie die Basis für eine erfolgreiche, glückliche Zukunft schaffen.

Achten Sie sorgfältig auf das, was Sie tagtäglich denken. Ihre Ansichten und Überzeugungen gestalten Ihr Leben. Sprechen Sie deshalb nie von wirtschaftlicher Not. Hören Sie sofort auf zu klagen, Sie seien arm; hören Sie auf, ständig von schweren Zeiten, finanziellen Problemen und dergleichen zu sprechen. So dramatisieren Sie nur das Befürchtete, so bringen Sie das Unerwünschte in Ihr Leben.

Vergegenwärtigen Sie sich statt dessen die guten Dinge in Ihrem Leben. Denken Sie voll innerer Ruhe über die Reichtümer Gottes nach, die überall gegenwärtig sind. Erkennen Sie, daß das Gefühl, reich zu sein, Reichtum hervorbringt. Wenn Sie davon reden, daß Sie wenig besitzen, daß Sie sich »nach der Decke strecken müssen«, daß Sie arm sind, machen Sie selbst sich arm, denn der Inhalt Ihres Denkens und gefühlsbesetzten Glaubens wirkt schöpferisch, bestimmt und gestaltet Ihr Leben.

Geben Sie das Geld, das Sie haben, großzügig und freudig aus – in der Überzeugung, daß Ihnen Gottes Reichtum in Fülle zuströmt. Wenden Sie sich an Gott, denn er sorgt für Sie. Bald werden Sie feststellen, daß Nachbarn, Kollegen und nicht zuletzt fremde Menschen zu Ihrer Entwicklung beitragen, auch in materieller Weise. Machen Sie es sich zur Gewohnheit, um göttliche Führung zu beten, und glauben Sie fest, daß Gott in seiner Weisheit und Güte all Ihre Bedürfnisse erfüllen wird. Ist diese Einstellung – eine durch und durch positive Geistes-, Gefühls- und Erwartungshaltung – erst einmal tief in Ihnen verwurzelt, wird Ihnen alles zuteil werden, was Sie sich wünschen.

Wie sich eine Kosmetikerin betend auf Erfolg einstimmt

Das ganze »Wunder«, dem eine Kosmetikerin ihren Erfolg verdankt, schreibt sie ihrem täglichen Beten zu. Die junge Frau, die ich seit Jahren vom Besuch meiner Vorträge her kenne, erzählte mir, daß sie jeden Morgen vor dem Öffnen ihres Salons still Einkehr hält und wie folgt betet:

»Gottes Frieden erfüllt meine Seele, und Gottes Liebe durchdringt mein ganzes Wesen. Gott führt mich, inspiriert mich und läßt mich gedeihen. Seine alles heilende Liebe strömt von mir zu allen meinen Kunden. Wer meinen Salon betritt, ist gesegnet und inspiriert. Die unendliche Weisheit Gottes durchdringt alles. Ihr verdanke ich alle Wohltaten, die mir zuteil werden.«

Die Kosmetikerin glaubt zutiefst an die Wahrheiten ihres morgendlichen Gebets. Abends dankt sie für die Kunden, die ihr Geschäft aufgesucht haben, und bekräftigt, daß alle glücklich und zufrieden sind, von Gott geleitet und von Gottes Liebe durchströmt werden.

Wie sie mir berichtete, hatte sie, nachdem sie sich dieses Gebet zur täglichen Gewohnheit gemacht hatte, bereits nach drei Monaten mehr Kunden, als sie behandeln konnte. Im Laufe der Zeit mußte sie drei weitere Mitarbeiterinnen einstellen. Diese Frau hat die Wohltat, die wirksames Beten zu verschaffen vermag, kennengelernt und schreibt ihrem Beten den Erfolg und die Prosperität ihres Geschäftes zu.

Eine Ärztin lebt »in freudiger Erwartung des Besten«

Eine Internistin in Beverly Hills, die eine heitere Zufriedenheit ausstrahlt, nannte mir ihr ständiges Gebet: »Ich lebe in freudiger Erwartung des Besten, und täglich widerfährt mir unweigerlich nur Gutes. Mein Lieblingsvers aus der Bibel, der mich seelisch-geistig unendlich stärkt, findet sich in der Apostelgeschichte und lautet: *Gott gibt . . . allem Leben und Odem und alles*« (17, 25).

Diese Ärztin hat erkannt, was die unversiegbare Quelle allen inneren und äußeren Reichtums wie Freude, Glück, Gesundheit und Erfolg ist. Sie wendet sich an den ihr innewohnenden allmächtigen, lebendigen Geist und erhält, was sie sich wünscht. *Wohl dem, der sich auf den Herrn verläßt!* (Sprüche 16, 20).

Wundert es Sie, daß diese Frau nach ihren eigenen Worten

gesund, erfolgreich und glücklich ist? In ihrem Leben kommt sichtbar zur Geltung, was sie denkt und glaubt.

Auch Sie können sich in freudiger Erwartung des Besten neue Türen öffnen und ungeahnte Möglichkeiten erschließen.

Die Wohltat sinnvollen Betens

Wie man sinnvoll arbeitet, kann man auch sinnvoll beten. Vermeiden Sie beim Beten jede Anstrengung und jede krampfhafte Bemühung. Tatsächlich zeugt eine angespannte, verkrampfte Haltung nur davon, daß Sie das, was Sie bewußt bekräftigen, innerlich bezweifeln. Sie müssen zutiefst überzeugt sein, daß Sie über Ihr Unterbewußtsein Zugang und Anteil an der unendlichen Weisheit und Schöpferkraft Gottes haben, die jedes nur denkbare Problem für Sie zu lösen vermag. Entspannen Sie sich darum, bevor Sie beten, körperlich und seelisch-geistig und denken Sie an die unumstößliche Wahrheit: Mit tiefer innerer Ruhe bewältige ich all meine Probleme. Auch wenn Sie einen Wunsch haben, ist innere Ruhe wichtig: Beten Sie ruhig und glauben Sie intensiv, daß die Ihrem Unterbewußtsein innewohnende unendliche Weisheit sich Ihres Wunsches in göttlicher Fügung annehmen wird.

Beten Sie also in einem ausgeglichenen Zustand körperlicher Entspannung und seelisch-geistiger Ruhe. Beten Sie, bis Sie innerlich zufrieden sind und fühlen, daß Sie im Augenblick nicht mehr tun können. Bestärken Sie in sich die Erwartung, daß Ihr Gebet erhört wird. Wenn Sie danach einen tiefen inneren Frieden in sich spüren, können Sie sicher sein, daß Ihr Gebet erhört wird.

Wenn Sie sich zum Beispiel enttäuscht und angeschlagen fühlen, dann vergegenwärtigen Sie sich, daß Sie in Gottes Allgegenwart eingebettet sind, daß der unendliche Strom des Lebens, der Liebe, der Wahrheit und der Schönheit Sie durchfließt und Ihr ganzes Wesen verwandelt. Fühlen Sie in sich den wunderbaren Zustand der Harmonie und unsäglichen Friedens. Identifizieren Sie sich mit dem Strom göttlicher Liebe. Dieses Gefühl des Einsseins mit Gott wird Sie körperlich und seelisch-geistig heilen und Ihnen neue Kraft geben. *Er erquicket meine Seele* (Psalm 23, 3).

Das tägliche Gebet in freudiger Erwartung des Besten

Durch das nachfolgende Gebet, das Sie sich zur täglichen Gewohnheit machen sollten, schaffen Sie sich eine hervorragende Grundlage für eine wunderbare Zukunft.

»Ich weiß, daß ich mein Schicksal selbst gestalte. Mein Glaube an Gott ist mein Schicksal, und Gott ist der Inbegriff aller Wohltaten und aller guten Dinge. Ich lebe in freudiger Erwartung des Besten.

Ich weiß: Gutes kommt auf mich zu. Ich kenne die Ernte, die ich künftig einbringen werde, denn meine Gedanken an das Gute sind Gottes Gedanken. Gott ist der Inbegriff der Liebe und Güte, der Wahrheit und Schönheit. Ich säe jetzt Samen der Liebe und des Wohlwollens gegenüber allen Menschen, des Friedens und der Freude in den Garten meines Geistes, meiner Seele. Es ist Gottes Garten, und er wird reiche Früchte tragen.

Die Weisheit und die Schönheit Gottes werden in meinem Leben sichtbar zur Geltung kommen. Von diesem Augenblick an bringe ich Lebensfülle, Liebe und Wahrheit zum Ausdruck. Ich bin voll Freude und danke Gott für alle Wohltaten, die mir zuteil werden.«

Zusammenfassung

1. Auch wenn Sie noch so wenig Geld haben, sollten Sie tief überzeugt bekräftigen: »Gott wird dieses Geld entsprechend seiner unendlichen Güte um ein Vielfaches vermehren, denn ich werde jetzt mit den Reichtümern Gottes gesegnet. Meine Bedürfnisse werden jetzt und alle Tage meines Lebens erfüllt.«

2. Schüler (und Lehrer) sollten sich das Gebet mit dem Kernsatz: »Die unendliche Weisheit Gottes führt und leitet mich bei meinen Studien (bei meinem Unterricht)« zunutze machen. Es zeitigt erstaunliche Wirkungen.

3. Ein zerstrittenes Ehepaar kann wieder zu Harmonie und Glück finden, wenn jeder im anderen das Göttliche erkennt und um Frieden, Liebe und Verständnis betet. Jegliche Bitterkeit wird sich auflösen.

4. Richten Sie Ihre Aufmerksamkeit auf Dinge, die gut, schön und wünschenswert sind, dann werden sich Ihnen die Reichtümer des Lebens erschließen. Denken Sie daran, daß Sie ernten, was Sie Ihrem Unterbewußtsein einpflanzen.

5. Achten Sie auf Ihre Gedanken, denn diese sind schöpferisch. Sprechen Sie nie von wirtschaftlicher Not; so dramatisieren Sie nur das Befürchtete und bringen das Unerwünschte in Ihr Leben. Denken Sie vielmehr an die Reichtümer Gottes und bekräftigen Sie beharrlich, daß Gott das Gute für Sie vervielfacht und Sie täglich reicher werden – geistig, seelisch und auch materiell.

6. Eine Kosmetikerin spricht jeden Morgen vor dem Öffnen ihres Salons das folgende Gebet: »Gottes Frieden erfüllt meine Seele, und Gottes Liebe durchdringt mein ganzes Wesen. Seine alles heilende Liebe strömt von mir zu allen meinen Kunden. Wer meinen Salon betritt, ist gesegnet und inspiriert.« Die Kosmetikerin hat die Wohltat wirksamen Betens für sich entdeckt.

7. Das Gebet der erwähnten Ärztin kann auch für Sie »Wunder« wirken: »Ich lebe in freudiger Erwartung des Besten, und täglich widerfährt mir unweigerlich nur Gutes. *Gott gibt . . . allem Leben und Odem und alles«* (Apostelgeschichte 17, 25).

8. Wie man sinnvoll arbeitet, kann man auch sinnvoll beten. Machen Sie sich das Gebet in freudiger Erwartung des Besten zur täglichen Gewohnheit. So schaffen Sie sich die Grundlage für eine erfüllte und reiche Zukunft.

KAPITEL 7

Wie Sie sich seelisch-geistig auf den Wohlstand einstimmen

Mit »Gedeihen« meine ich die stetige positive Entwicklung eines Menschen auf allen Gebieten. Wenn Sie also gedeihen, entwikkeln Sie sich seelisch, geistig, auf materiellem und gesellschaftlichem Gebiet. Doch um so gedeihen zu können, müssen Sie ein Kanal für das Positive werden, das Sie ungehindert durchströmt. Ich empfehle Ihnen daher, sich die hier beschriebene Methode des Denkens und Glaubens anzueignen und diese Methode systematisch anzuwenden.

Immer setzt sich die vorherrschende Vorstellung durch

Ein Textilverkäufer, der bei mir Rat suchte, litt seit vielen Jahren an einem regelrechten »Armutskomplex«. Er betete seit langem um Wohlstand, doch sein Bitten wurde nicht erhört. Verzweifelt fragte er mich nach dem Grund. Dieser Mann betete zwar, aber die Angst vor Armut lastete ständig auf seinem Gemüt. Dadurch zog er nur immer noch mehr Mangel
terbewußtsein nimmt von zwei unterschiedlichen Ideen immer nur die im Denken eines Menschen tatsächlich vorherrschende auf.

In unserem Gespräch wurde dem Verkäufer klar, daß jeder Gedanke schöpferisch ist – wenn er nicht durch einen intensiveren Gegengedanken neutralisiert wird. Und er erkannte, daß seine Gedanken an Armut stärker waren als sein Glaube an die ihn umgebenden unendlichen Reichtümer. Zwangsläufig wurde ihm bewußt, daß er die Inhalte seines Denkens ein für allemal ändern mußte. Zur Unterstützung seiner Erkenntnis schrieb ich ihm das nachfolgende Gebet auf.

»Ich weiß, daß es nur eine einzige Quelle gibt, aus der alles Gute kommt: der lebendige göttliche Geist. Er erschuf das Universum und alles, was da ist und lebt. Ich bin ein Brennpunkt der göttlichen Gegenwart. Mein Geist ist offen und aufnahmebereit. Ich bin ein freier Kanal für den Zustrom von Harmonie, Schönheit und all die Reichtümer des Unendlichen. Ich weiß, daß Gesundheit, Wohlstand und Erfolg innerlich freigesetzt werden und dann äußerlich zutage treten werden.

Ich stehe jetzt im Einklang mit den inneren und äußeren Reichtümern des Unendlichen, und ich weiß, daß diese Vorstellungsbilder in mein Unterbewußtsein sinken und auf dem Bildschirm des Raums in meinem Leben zutage treten werden. Ich wünsche jedem Menschen die Fülle der Segnungen des Lebens. Ich bin offen und empfänglich für die Reichtümer Gottes, die geistigen und materiellen, die mir nun in Fülle zuströmen.«

Der Verkäufer konzentrierte seine Gedanken künftig auf die Reichtümer Gottes und achtete besonders darauf, innerlich nicht zu bezweifeln, was er bewußt betend bekräftigte. Er sprach dieses Gebet morgens und abends in dem Wissen, daß er seinem Unterbewußtsein die Inhalte dieses seines Denkens und Glaubens zutiefst einprägte und es somit aktivierte, die in ihm schlummernden Kräfte freizugeben.

Im Laufe eines Monats änderte sich sein Leben grundlegend: Er wurde zum Verkaufsdirektor ernannt, bezieht nun ein hohes Jahresgehalt und ist zusätzlich an den Umsatzsteigerungen des Unternehmens beteiligt.

Ihre Herzenswünsche erfüllten sich

Während einer Geschäftsreise lernte ich eine junge Spanierin kennen, die schon seit mehreren Jahren mit ihrer Mutter in den USA lebte. Sie erzählte mir, wie sie durch intensives und aufrichtiges Beten zwei langgehegte Wünsche ihrem Unterbewußtsein sozusagen eingravierte und wie diese Wünsche auf wunderbare Weise zur Realität wurden.

Ihr erster Wunsch lautete: »Meine Mutter und ich werden für zwei Wochen nach Mexiko reisen und dort herrliche Urlaubstage verbringen. Wir wissen, daß uns die unendliche Weisheit Gottes den Weg dorthin in göttlicher Fügung öffnet.« Mutter und Tochter stellten sich bildhaft die Reise vor: sie sahen sich in Mexiko City landen und in mehreren ausgesuchten Hotels wohnen, von wo aus sie die historischen Stätten der Azteken und Maya besuchten. Beide stellten sich die Reise bildhaft vor.

Nachdem sie ihren Wunsch immer wieder aufrichtig bekräftigt hatte, fand sie zwei Wochen später einen Umschlag auf der Straße. »Stellen Sie sich vor!«, erzählte sie mir. »Er enthielt zwanzig Hundertdollarscheine und einen Zettel, auf dem stand: ›Wer das findet, soll es behalten. Gott segne Sie.‹ Das war alles.«

Weder der Umschlag noch der Zettel gaben irgendeinen Hinweis auf den Spender. Die beiden Frauen traten nach kurzer Zeit die Reise durch Mexiko an, die sie sich auch vorgestellt hatten.

»Und Ihr zweiter Wunsch?« fragte ich sie interessiert.

»Mein zweiter Wunsch, den ich meinem Unterbewußtsein eingravierte, hatte folgenden Inhalt: ›Ich möchte heiraten, und ich weiß, daß mein Wunsch nach einer Eheschließung die Stimme der meinem Unterbewußtsein innewohnenden unendlichen Weisheit ist, die mich drängt, ein erfülltes, glückliches Leben zu führen. Ich weiß, daß ich jetzt mit dem Göttlichen in mir eins bin, daß ein Mann darauf wartet, mich zu lieben, daß ich zu seinem Glück und Seelenfrieden beitragen kann. Ich werde ihn schätzen, lieben und zu Großem inspirieren. Zwischen uns herrschen gegenseitige Liebe, Freiheit und Achtung. Diese Worte sende ich aus, und sie kommen dort an, wohin ich sie sende. Ich graviere die Bitte um Heirat voll Glauben und Vertrauen meinem Unterbewußtsein ein. Wenn ich an Heirat denke, werde ich mich immer daran erinnern, daß die mir innewohnende unendliche Weisheit sie in göttlicher Fügung zustande bringen wird.‹«

Mehrere Wochen vergingen. Eines Tages lud sie der sympathische Zahnarzt, bei dem sie in Behandlung war, zum Essen ein. Sie verliebten sich ineinander, und schon nach kurzer Zeit verschickten sie ihre Vermählungskarten.

Die junge Spanierin hatte die göttlichen Kräfte ihres Unterbewußtseins aktiviert, und diese Kräfte ließen ihre Wünsche auf wahrhaft unerforschliche Weise Realität werden. Füllen auch Sie

Ihr Denken mit Inhalten des Gedeihens, und Ihr Beten wird wunderbar belohnt werden.

»Ich bin ...« – so nehmen Sie Ihre Zukunft vorweg!

Eine geschiedene kaufmännische Angestellte, die mit ihren knapp vierzig Jahren noch auf viele erlebnisreiche Jahre in ihrem weiteren Leben hoffen konnte, wehrte sich innerlich gegen ihre Zukunft, was daran zu erkennen war, daß sie ständig klagte: »Ich führe ein klägliches Dasein, ich bin einsam, enttäuscht und habe keine wirklichen Freunde. Deshalb sind auch meine Tage eintönig und meine Zukunftsaussichten ohne jede Hoffnung.«

Meine Erläuterungen brachten ihr zu Bewußtsein, daß sie durch ihre negative Geistes- und Gefühlshaltung ihr Elend nur steigerte. Ihr Unterbewußtsein bringe, so erklärte ich ihr, ganz einfach alles das in ihr Leben, was sie erwarte.

Die Frau verstand nun, wie die Gesetze des Denkens und Glaubens funktionieren, und sie beschloß, ihre Haltung zu ändern. Statt bei ihren Enttäuschungen zu verweilen, bekräftigte sie künftig mehrmals täglich: »Ich bin glücklich, froh und frei. Ich bin voll Freude, Harmonie, Frieden und Liebe. Ich singe das Loblied des Herrn, der meine Stärke ist.«

Sie hatte begriffen, daß sie alles, was sie den beiden Wörtern »Ich bin« als Ausdruck einer vorweggenommenen Tatsache ihres Lebens anfügte, sichtbar zum Ausdruck bringen würde. Die Frau machte sich die Vergegenwärtigung dieser Inhalte zur Gewohnheit, und ihr sogenanntes »klägliches Dasein« verwandelte sich in ein Leben der Fülle.

Ich habe die Bekannte vor kurzem zufällig in einem Park wieder getroffen. Ich bin einem neuen Menschen begegnet. Sie kam begeistert auf mich zu und strahlte vor Freude, als sie mit mir redete. Heute zählt sie »wirkliche Freunde« zu ihrem Bekanntenkreis, sie leitet die Filiale eines bedeutenden Versicherungsunternehmens, besitzt eine herrliche Penthouse-Wohnung – und ihr Einblick in die »Wunder« des ihr innewohnenden Reichtums eröffnen ihr ungeahnte Perspektiven.

Eine Hausfrau änderte ihr Leben

Vor einigen Jahren besuchte mich eine gute Bekannte. Sie schien sehr deprimiert, und nach kurzer Zeit klagte sie: »Für mich gibt es kein Glück. Ich befinde mich auf der Schattenseite des Lebens und stecke in einer endlosen Tretmühle. Ich wasche, koche, bügle, schrubbe, spüle Geschirr, putze Fenster und versorge drei Kinder.« Sie verabscheute ihre Umgebung und versicherte mir: »Das Schicksal ist gegen mich.«

Im Laufe unseres Gesprächs wurde ihr klar, daß sowohl Glück als auch Wohlstand zunächst vor allem eine Geisteshaltung ist. Als sie diese Weisheit erkannt hatte, faßte sie Mut und gelobte sich selbst, die Inhalte ihres Denkens und Glaubens gründlich zu ändern. Künftig vergegenwärtigte sie sich täglich: »Göttliches rechtes Tun ist mir beschieden. Erfolg ist mir beschieden. Gottes Frieden beherrscht meinen Geist, mein Gemüt, meinen Körper und alle meine Aktivitäten. Was ich tue, wird mir gelingen. Ich weiß, daß meine Gedanken schöpferisch sind. Wie ein Ingenieur eine Brücke plant, so plane ich jetzt Wohlstand, Glück, Zufriedenheit. Ich glaube zutiefst an die Heilswahrheit der Bibel: *Bittet, so wird euch gegeben; suchet, so werdet ihr finden; klopfet an, so wird euch aufgetan«* (Matthäus 7, 7).

Kraft dieses Betens weckte die Frau die ihr innewohnende unendliche Kraft des Geistes, durch den jeder Mensch Zugang zu der unendlichen Weisheit Gottes hat. Sie gewann ein neues Verhältnis zu ihrer Arbeit, ihrem Heim, ihren Kindern; sie setzte erstaunliche innere Reichtümer frei, und von völlig unerwarteter Seite floß ihr plötzlich auch Geld zu, das ihr ein sorgenloses Leben sicherte.

Schönheit und Fülle sind vor allem dort, wo Sie sind

Gott ist allgegenwärtig. Doch er ist – begreifen Sie das – vor allem auch in Ihnen. Er, der Inbegriff allen Geistes und unbeschreiblicher Schönheit, ist »in Ihrer Mitte«, er wandelt mit Ihnen und spricht in Ihnen. Ihr Geist und Ihre Seele, Ihr Denken und Fühlen verkörpern das Ihnen innewohnende Göttliche. Dieses

Göttliche lebt unsichtbar in Ihnen und ist die unsichtbare Kraft, die Ihnen zuteil ist. Und da Ihr Denken und Glauben schöpferisch sind, müssen Sie das Ihnen innewohnende Göttliche in Ihrem Leben zum Ausdruck bringen.

Meditieren Sie darüber, daß Gottes Schönheit und Reichtümer Ihren Gedanken, Worten und Taten erfließen, dann werden Sie die Schönheit und die Reichtümer Gottes an Ihre Familie, an Ihre Freunde und an Ihre Nachbarn weitergeben. Danken Sie für alles Schöne, das Sie haben, und für alle Segnungen, die Ihnen zuteil werden. Sie können Ihr eigenes Leben verschönern und andere an den inneren und äußeren Reichtümern Ihres Daseins teilhaben lassen. Sie sind der kreative Gestalter Ihres Lebens.

Seien Sie sich der Reichtümer des Unendlichen bewußt. Sie können des Nachts die Sterne bewundern, am Tag die Kumuluswolken mit ihren veränderlichen Formen bestaunen, und der Himmel leuchtet für Sie genauso herrlich blau wie für jeden anderen Menschen. Sie können sich am Sonnenuntergang erfreuen, können den Gesang der Vögel in sich aufnehmen und sich verzaubern lassen von all der Schönheit der Natur, die Sie umgibt. Erkennen Sie die göttliche Gegenwart in allen Erscheinungen Ihrer Umwelt – in der wärmenden Sonne, im silbern scheinenden Mond, im Firmament, in jedem Berg, jedem Fluß, in jedem Baum, jeder Blume. Betrachten Sie die Schönheit der ganzen Natur und versäumen Sie es nicht, das Göttliche auch in den Augen eines Tieres wahrzunehmen.

Das Leben ist ein Spiegel, es »reflektiert« genau das, was wir denken, glauben, fühlen. Schauen Sie voll Liebe auf Ihre Umwelt, dann werden Liebe, Schönheit und die Reichtümer des Unendlichen in Ihr Leben kommen. Der amerikanische Dichter Henry W. Longfellow schrieb vor etwa einhundert Jahren: »Blickt nicht trauervoll in die Vergangenheit; sie kommt nicht wieder. Verbessert klug die Gegenwart; das ist die richtige Einstellung.« Und Seneca, der bedeutende römische Philosoph, erklärte im ersten Jahrhundert nach Christi Geburt: »Zukunftssorgen macht sich nur jemand, für den die Gegenwart unergiebig ist.«

Gott ist das ewige Jetzt! Erbitten Sie jetzt das für Sie Beste und alle Reichtümer des Lebens. Was Sie sich bildhaft vorzustellen und geistig vorwegzunehmen vermögen, das können Sie vermöge der Kraft und Weisheit Ihres Unterbewußtseins, durch das Sie Zugang zum unendlichen Geist kosmischer Dimension haben, auch erlangen.

»Die Lage ändert sich jetzt!«

Ein mir bekannter, sehr erfolgreicher Geschäftsmann betrieb zusammen mit seinem Bruder einen gutgehenden Supermarkt. Vor einigen Jahren mußte er dann einen schweren Schicksalsschlag hinnehmen: sein Bruder verunglückte tödlich.

Bei der Testamentseröffnung stellte sich heraus, daß der Verstorbene seine Geschäftsanteile seinen zwei Nichten vermacht hatte. Die beiden Frauen, die sich nun aufgrund ihrer Teilhaberschaft in die Geschäftsführung einmischten, verursachten dem Geschäftsinhaber nicht geringe Probleme. Andererseits weigerten sie sich auch, ihm die geerbten Geschäftsanteile zu verkaufen.

Der Mann erzählte mir, daß er nach einem Streit mit den Nichten, bei dem es um Fragen der Geschäftsführung und die Höhe der Kaufsumme im Fall eines Verkaufs ging, folgende Sätze auf einen Zettel geschrieben hatte: »Ich gebe die Frauen voll und ganz in die Hand Gottes. Sie sind an dem für sie richtigen Platz. Doch alles kann sich ändern. Die Lage ändert sich *jetzt* in göttlicher Fügung.« Er legte den Zettel in eine Schreibtischschublade, an deren oberem Rand er ein Klebeband mit der Inschrift »Bei Gott sind alle Dinge möglich« befestigt hatte, und dachte nicht mehr an den Vorfall.

Zwei Wochen später stimmten die Nichten dem von ihm angestrebten Verkauf zu, der zur vollsten Zufriedenheit aller Beteiligten rasch abgewickelt wurde.

Schreiben Sie Ihre Herzenswünsche auf

Jedes Jahr nehme ich auf die Bitte mehrerer Ehepaare an deren Silvesterzusammenkunft teil und spreche dort ein Neujahrsgebet. Bei diesen Treffen im Freundeskreis ist es Brauch, daß jeder Beteiligte seine Herzenswünsche klar und deutlich aufschreibt.

Es gibt eigentlich nur vier Kategorien von Wünschen, die wir Menschen alle hegen. Es ist der Wunsch nach Gesundheit, nach Wohlstand, nach Liebe und Selbstverwirklichung.

Was immer Sie ersehnen, es fällt in eine dieser Kategorien. Wünschen Sie sich beispielsweise mehr Weisheit, so ist dies Teil des Wunsches nach Selbstverwirklichung; in die gleiche Kategorie würde Ihr Wunsch nach Ausgeglichenheit und innerem Frieden fallen.

Bei diesen Silvestertreffen empfehle ich übrigens den Anwesenden regelmäßig, in einen ihrer Wünsche eine verwandte oder befreundete Person einzubeziehen. So soll zum Beispiel jemand, dessen Freund oder Verwandter in einen Prozeß verwickelt ist, folgendes aufschreiben: »Dank der unendlichen Gerechtigkeit, Weisheit und Güte Gottes kommt es zu einer gottgefälligen harmonischen Lösung für ...«

Jede der Wunschlisten wird in einen gesonderten Umschlag gesteckt; dieser wird zugeklebt und einem der Anwesenden zur Verwahrung ausgehändigt. Am nächsten Silvesterabend erhalten die Anwesenden ihren Umschlag zurück und lesen das Aufgeschriebene still durch.

Es ist verblüffend, wie viele der aufgeschriebenen Wünsche vor Ablauf eines Jahres in Erfüllung gehen, oft sogar in einer umfassenderen Weise als erbeten. Einmal zeigte mir ein Mann seine Liste und sagte, seine Wünsche hätten sich in göttlicher Fügung erfüllt. Unter anderem hatte er sich gewünscht, über mehr Geld für seine heranwachsenden Söhne, für lange ersehnte Reisen mit seiner Frau und mehr Zeit für seine Entspannung zu verfügen. Und seine Wünsche gingen in Erfüllung: Nur drei Monate nach Silvester war er versetzt und befördert worden, bekam nun sechs Wochen Urlaub im Jahr und hatte bereits mit seiner Frau an einer fünfwöchigen Kreuzfahrt teilgenommen. Außerdem erlaubte es sein Beruf, daß er sich nun auch unter der Woche öfter seiner Familie widmen konnte.

Eine Mutter zum Beispiel hatte folgenden Wunsch aufgeschrieben: Ihre Söhne sollten nicht zum Militär eingezogen werden. Die beiden jungen Männer verabscheuten aus tiefer innerer Überzeugung den Krieg. Der genaue Wortlaut des Wunsches lautete: »Meine Söhne sind Gottes Söhne. Gott stellt sie an ihren wahren Platz, wo sie tun können, was sie gerne tun möchten. Gott weiß alles und sorgt für sie.« Ihre Söhne sind nicht eingezogen worden und leben in der Gewißheit, daß sie auch später nicht mehr eingezogen werden.

Die Mitglieder dieser Freundesgruppe schreiben ihre Herzenswünsche in dem Glauben und Vertrauen auf, daß die ihrem Unterbewußtsein innewohnende unendliche Weisheit sie in göttlicher Fügung verwirklichen wird. Und ich beende mein Gebet an jeder Jahreswende mit den Worten: »Wir sind gewiß, daß sich unsere Wünsche zutiefst dem Unterbewußtsein einprägen, das von selbst dafür sorgen wird, daß sich alle in göttlicher Fügung erfüllen.«

Durch die klare, schriftliche Formulierung unserer Wünsche in der richtigen, gläubigen Erwartungshaltung und das Aufbewahren eines solchen Wunschgebetes wird dessen Inhalt dem Unterbewußtsein eingepflanzt und in dem Wissen, daß »bei Gott nichts unmöglich ist«, seiner Erfüllung anheimgestellt. Bei einer derartigen Geisteshaltung, die man auch schlicht einfach als »Gottvertrauen« bezeichnen könnte, werden Gebete immer erhört. Es beruht auf der Überzeugung, daß ein inbrünstiges Gebet nicht vergebens sein kann, weil geschrieben steht: ... *der Herr, dein Gott ... wird die Hand nicht abtun, noch dich verlassen* (5. Mose 31, 6).

Ein Meditationstext zur aufbauenden Prägung Ihres Unterbewußtseins

Die nachstehende, täglich durchzuführende Meditationsübung prägt Ihr Unterbewußtsein, durch das Sie die unendlichen Fähigkeiten und Kräfte des Göttlichen in Ihnen freisetzen können:

»Seid aber Täter des Worts und nicht Hörer allein, dadurch ihr euch selbst betrüget. Mein schöpferisches Wort geht aus meiner stillen Überzeugung hervor, daß mein Gebet erhört wird. Wenn ich die Worte Heilung, Gedeihen oder Erfolg ausspreche, bin ich mir ihrer gestaltenden Kraft bewußt, und ich weiß, daß meine Worte Kraft haben, weil sie im Einklang mit der Allmacht des

unendlichen Geistes stehen. Die Worte, die ich spreche, sind deshalb immer aufbauend und tatsächlich schöpferisch. Wenn ich bete, sind meine Vorstellungen bildhaft und meine stets liebevollen Worte voll Leben und Gefühl. Diese Tatsache macht meine Bekräftigungen wirksam, verleiht meinem Denken und Glauben kreative Kraft.

Ich weiß: Je intensiver ich von der Wahrheit dessen, was ich bekräftige, überzeugt bin, desto mehr Kraft hat mein Wort. Die von mir geäußerten Worte sind die gestaltannehmende Form der Struktur meines kreativen Denkens und Glaubens. Göttliche Weisheit wirkt jetzt durch mich und offenbart mir, was ich wissen muß. Ich habe die Antwort jetzt erhalten. In mir herrscht Frieden. Gott ist Frieden.«

ZUSAMMENFASSUNG

1. Sie gedeihen, wenn Sie sich in allen Bereichen positiv entwickeln und entfalten, und zwar seelisch, geistig, auf materiellem und auf gesellschaftlichem Gebiet.

2. Ihr Unterbewußtsein hält sich immer an Ihre tatsächlich vorherrschende Vorstellung. Denken Sie deshalb positiv. Denken Sie an die Sie umgebenden Reichtümer aller Art, an die unermeßlichen Schätze des Universums, und ein solches aufbauendes, zur Gewohnheit gewordenes Denken wird sich unfehlbar in Ihrem Leben niederschlagen. Ersetzen Sie jeden Gedanken an Armut sofort durch Gedanken an Gottes Fülle und an seine unermeßlichen Reichtümer. Seien Sie offen und aufnahmebereit und lassen Sie den Strom göttlicher Fülle ungehindert in Ihr Leben strömen.

3. Durch intensives und aufrichtiges Beten können Sie Ihre Wünsche Ihrem Unterbewußtsein sozusagen eingravieren. Die Ihrem Unterbewußtsein innewohnende unendliche Weisheit wird Ihre Wünsche auf wunderbare Weise realisieren.

4. Erlauben Sie sich nie, an Mangel, Not, Einsamkeit und Enttäuschung zu denken, sondern machen Sie sich eine bildhafte Vorstellung dessen, was Sie sich ersehnen. Seien Sie sich bewußt, daß alles, was Sie dem Wort »Ich bin« anfügen, in Ihrem Leben eintreten wird. Was Sie in Ihr Unterbewußtsein säen, das werden Sie auch ernten.

5. Klagen und jammern Sie nicht über herrschende Zustände, sondern kehren Sie Ihre Geisteshaltung ins Gegenteil um und bekräftigen Sie: »Göttliches rechtes Tun ist mir beschieden. Göttlicher Erfolg ist mir beschieden. Göttliche Liebe erfüllt meine Seele. Und was ich tue, wird mir gelingen.« Ihre Gedanken sind schöpferisch, Ihr Denken nimmt Gestalt an in Ihrem Gebet.

6. Meditieren Sie darüber, daß Gottes Schönheit und Fülle frei durch Ihre Gedanken, Worte und Taten strömen, und Sie werden die wunderbaren Ergebnisse solchen Denkens und Glaubens erleben.

7. Sollten Sie in eine prekäre Lage mit schwierigen Menschen geraten, dann empfiehlt es sich, sich folgende Weisheit ins Gedächtnis zu rufen: »Auch dieses wird vorübergehen. Nichts währt ewig. Die Lage ändert sich jetzt in göttlicher Fügung. Die Sache kommt zu einer harmonischen Lösung. Ich löse mich von der Problematik und bin frei.« Die Freigabe eines Problems im Bewußtsein »Bei Gott sind alle Dinge möglich« wirkt »Wunder«.

8. Das Leben ist ein Spiegel, es »reflektiert« für jeden von uns genau das, was er denkt und glaubt und sich auf diese Art einverleibt.

9. Bei einer Silvesterfeier formulierten die Anwesenden ihre Herzenswünsche und hoben die Niederschrift derselben bis zum folgenden Silvesterabend auf. Sie überantworteten die Wünsche voll Glauben und Vertrauen dem Göttlichen in ihnen, das alles sieht und alles weiß. Bei solchem Gottvertrauen werden Gebete immer erhört. Gottvertrauen ist nicht mit Interesse- oder Sorglosigkeit gleichzusetzen; es entspringt der Gewißheit, daß sich alles, was man überzeugt bekräftigt und im Herzen als wahr empfindet, verwirklichen wird.

10. Prägen Sie durch die angegebene Meditationsübung Ihr Unterbewußtsein. Wenn Ihr Denken und Glauben im Einklang mit der Allmacht des unendlichen Geistes stehen, erlangen Sie inneren Frieden und Gottes unendliche Fülle.

KAPITEL 8

Wie Sie sich der Kraft Ihrer Imagination bedienen

Imagination, also bildhaft anschauliches Denken, ist eine unserer grandiosen Fähigkeiten. Wird sie richtig entwickelt, entfaltet und gesteuert, stellt sie ein wahrhaft phantastisches Instrument dar, das aus den Tiefen unseres Unterbewußtseins Schätze ans Licht bringt. »Die Seele ohne Phantasie wäre wie ein Observatorium ohne Teleskop«, sagte H. W. Beecher. Und Pascal rühmte die menschliche Einbildungskraft mit seinem Wort: »Imagination verfügt über alles; sie erzeugt Schönheit, Gerechtigkeit und Glück, die in dieser Welt alles sind.«

Naturwissenschaftler, Erfinder, Dichter, Musiker und Künstler bedienen sich – unbewußt oder bewußt – der wunderbaren Gabe der Phantasie, mit der sie aus der Schatzkammer ihres Unterbewußtseins die Reichtümer des Unendlichen hervorholen und der Menschheit nahebringen. »Phantasie«, so erkannte schon Shakespeare, »benennt das luftige Nichts und gibt ihm festen Wohnsitz.«

Wie Shakespeare und viele andere große Denker erkannt haben, kann jeder Mensch seine Einbildungskraft benutzen, um zu einem erfüllteren Leben zu gelangen. Auch Sie können das! Bildhaftes Denken liegt in jedermanns Reichweite. Entscheidend ist dabei nur, daß Sie positiv, also aufbauend denken.

Sie zeichnete eine »psychische Schatzkarte«

Eine erst kurz verheiratete Fremdsprachenkorrespondentin erzählte mir, daß sie ein halbes Jahr vor ihrer Hochzeit eine »psychische Schatzkarte« gezeichnet habe. Nachdem sie ein großes quadratisches Blatt in vier kleine Quadrate unterteilt hatte, schrieb sie in das erste Quadrat: »Ich danke dafür, daß Gottes Reichtum in meinem Leben frei strömt.« In das zweite Quadrat schrieb sie: »Ich danke für eine viermonatige Weltreise.« Der Text in dem dritten Quadrat lautete: »Ich danke für einen wunderbaren, seelisch-geistig interessierten Mann, der vollkommen mit mir harmoniert.« Und ins letzte Quadrat schrieb sie: »Ich danke für ein herrlich gelegenes Haus.« Außerdem setzte sie unter jeder Bitte die Worte: »Ich danke für die sofortige Erfüllung dieses Wunsches. Mir ist unendliche Liebe beschieden in göttlicher Fügung.«

Jeden Morgen, jeden Nachmittag und jeden Abend ging sie nun ihre Bitten durch, bekräftigte zutiefst überzeugt deren Erfüllung und stellte sich diese bildhaft vor. Sie wußte, daß ihr jeweiliges Vorstellungsbild in ihr Unterbewußtsein eingehen und die ihm innewohnende Kraft es in ihrem Leben sichtbar machen würde.

Die Antwort auf ihre erste Bitte kam nach etwa einem Monat: Ihre Großmutter vermachte ihr testamentarisch fünfzigtausend Dollar und darüber hinaus einen fast neuen Cadillac. Bald darauf wurde ihre zweite Bitte Wirklichkeit: Ihre Eltern, die zu dieser Zeit in Kanada lebten, luden sie zu einer gemeinsamen Weltreise ein. Während jener Weltreise erfüllte sich die dritte Bitte: Sie lernte in Sydney einen jungen Wissenschaftler kennen – und nachdem sie einander nähergekommen waren, erlebten beide das wahre Glück inniger Liebe. Sechs Wochen später standen beide in Kalifornien vor dem Traualtar. Die Erfüllung der vierten Bitte erfolgte sozusagen zwangsläufig: Nach der Hochzeit zog das junge Ehepaar in eine zweistöckige Villa, die von einem herrlichen Park umgeben war.

Diese Frau hat die Erfahrung gemacht, daß das Vertrauen auf die jedem Menschen innewohnende unendliche Weisheit Gottes eine gute Investition für eine bessere Zukunft darstellt.

Um ihren Wünschen noch mehr Nachdruck zu verleihen, regte die Fremdsprachenkorrespondentin zusätzlich ihre Einbildungskraft an: Sie beantragte einen neuen Reisepaß, las mehrere Bücher von bekannten Reiseautoren, und jeden Abend vor dem Einschlafen zeichnete sie in Gedanken ihre Reiseroute nach.

Außerdem stellte sie sich vor, wie sie zu ihrer Bank ging und dort einen hohen Geldbetrag einzahlte, wie sie mit einem gutaussehenden Mann in einem vornehmen Juweliergeschäft die Eheringe aussuchte und wie sie kurz darauf von ihrem Auserwählten über die Schwelle eines herrschaftlichen Hauses geführt wurde.

Das Beispiel dieser jungen Frau zeigt, wie durch die intensive Anregung der Phantasie die jeweiligen Vorstellungsbilder langsam in das Unterbewußtsein dringen, dort aufgenommen und verarbeitet werden, um dann als reale Begebenheiten auf dem Bildschirm des Raumes zu erscheinen.

»Der Ausgang stellt alle zufrieden!«

Während einer Reise nach Chichén Itzá, der berühmten Ruinenstadt der Maya im Norden der mexikanischen Halbinsel Yucatán, lernte ich einen Rechtsanwalt aus Texas kennen. Er erzählte mir, daß er nach dieser Urlaubsreise einen schwierigen Auftrag vor sich habe, und zwar sollte er in Dallas einen familiären Erbschaftsstreit beilegen, in dem es um eine Million Dollar ging. Die bevorstehende Angelegenheit belastete ihn sehr – nicht zuletzt auch deshalb, weil es für ihn um ein hohes Erfolgshonorar ging.

Ich empfahl dem Rechtsanwalt, die mit bildhaftem Denken arbeitende Form des imaginativen Gebets anzuwenden. Da es im Seelisch-Geistigen weder Raum noch Zeit gibt, solle er sich geistig in ein Konferenzzimmer nach Dallas versetzen, in dem alle Mitglieder der zerstrittenen Familie versammelt seien. Dann solle er zutiefst überzeugt bekräftigen, daß zwischen ihnen Verständnis, Harmonie und Frieden herrschten.

Auf meinen Rat hin stellte er sich mehrmals täglich bildhaft die Mitglieder der Familie vor, die bekräftigten: »Wir haben uns darauf geeinigt, die Bedingungen des Testaments anzunehmen, so wie sie niedergeschrieben sind. Denn wir wollen das Testament nicht anfechten.« Immer wider vernahm er diese Sätze in seiner Phantasie, und außerdem schlief er jeden Abend mit den Worten ein: »Der Ausgang stellt alle zufrieden!«

Einige Wochen nach meiner Reise erhielt ich von dem

Rechtsanwalt einen Brief. Er schrieb, daß er meine Anweisungen genau befolgt habe, daß bei der entscheidenden Familienversammlung völlige Einigkeit erzielt worden sei und daß er für die gütliche Beilegung ein ansehnliches Honorar erhalten habe. Wo ein häßlicher Rechtsstreit zwischen Geschwistern gedroht hatte, war es dank dem positiven Einsatz seiner Imagination zu einer harmonischen Lösung gekommen.

Ein Fremdenführer wurde Archäologe

Auf der kurzen Fahrt von Chichén Itzá nach Uxmal, einer weiteren berühmten Ruinenstadt der Maya, kam ich mit unserem mexikanischen Fremdenführer ins Gespräch. Nach einiger Zeit erzählte er mir von seinem Hobby: In den ruhigeren Perioden, wenn nicht so viele Touristen kommen, betreibe er die Wassersuche mit der Wünschelrute.

Wenn ein Farmer ihn bittet, nach Wasser zu suchen, geht er mit der Rute aus gebogenem Kupferdraht über die Felder, wobei er immer wieder seinem Arm befiehlt: »Du wirst fest und steif, und der Kupferdraht zeigt genau auf die Stelle, unter der es Wasser gibt.« Wie er erzählte, hat er in den meisten Fällen Erfolg. »Zwar habe ich mich einige Male getäuscht«, berichtete er, »aber das ist darauf zurückzuführen, daß ich entweder übermüdet war oder mich nicht richtig konzentriert habe.« Im Laufe der Jahre verdiente er sich mit dem Rutengehen genügend Geld für ein Archäologiestudium. Als er es vor einiger Zeit mit Auszeichnung abschloß, bot man ihm eine Dozentenstelle an der Universität an.

Er zeigte mir auch Karten, auf denen er vermerkt hatte, wo verlorengegangene Rinder und Schafe von ihm aufgespürt worden waren. Wenn er ein Tier suchen mußte, studierte er eine Karte des in Frage kommenden Gebiets und konzentrierte seine ganze Aufmerksamkeit auf das verschwundene Tier. Die Wünschelrute zeigte dann auf die Stelle, wo es sich befand.

Bereits in seiner Kindheit hatte sein Vater ihm versichert, er habe von ihm, dem Vater, die Gabe des Rutengehens geerbt, und der Junge hatte es geglaubt. Diese Überzeugung hatte sich in seinem Unterbewußtsein eingeprägt; es ist daher ganz natürlich, daß er sich auf das Rutengehen verstand. Die Rute ist ja nur ein Hilfsmittel, mit dem der sensitive Mensch – und jeder Mensch ist ein »Sensitiver« – seine seelisch-geistigen Kräfte aktiviert. Das geschieht über sein Unterbewußtsein, das alles sieht und alles weiß, weil es am unendlichen Geist kosmischer Dimension teilhat.

Wenn der junge Mexikaner mit der Rute Wasser sucht, erreicht er dank seinem tiefen Glauben und der an sein Unterbewußtsein gerichteten Zielanweisungen – die natürlich Suggestionen sind –, daß dieses über einer Wasserstelle ein Zusammenziehen der Armmuskulatur und eine Abwärtsbewegung der Rute auslöst. Ich sagte ihm, daß er seine Technik verbessern könne, indem er sich immer wieder sage, also seinem Unterbewußtsein suggeriere: »Du wirst mir genau sagen, in welcher Tiefe sich das Wasser befindet.« Auch solle er mehrmals täglich bekräftigen: »Mir geschieht, wie ich glaube.«

Imagination – die »Werkstatt Gottes«

Vor einiger Zeit suchte mich eine ziemlich mutlose und deprimiert erscheinende Witwe auf, die seit mehr als einem Jahr vergeblich versucht hatte, ihr zweistöckiges Haus zu verkaufen. Der Unterhalt des Gebäudes war ihr in den letzten Jahren zu teuer geworden, und da in einer herrlich gelegenen Altensiedlung bereits ein geräumiges Appartement für sie bereitstand, wollte sie das Gebäude so schnell wie möglich veräußern. Viele Interessenten hatten das Haus schon besichtigt, doch kein einziger hatte sich zum Kauf entschlossen, obwohl der Preis offenbar allen angemessen erschienen war.

Ich erklärte ihr genau, wie sie ihre Phantasie anregen und wirken lassen solle. Sie befolgte meine Anweisungen. Abends vor dem Einschlafen stellte sie sich in ihrer Phantasie folgendes vor: »Ich halte einen Scheck über hunderttausend Dollar, den vollen Preis für das Haus, in der Hand. Am Tag darauf gehe ich zu meiner Bank und lasse den Scheck meinem Konto gutschreiben. Danach fahre ich zu meinem Appartement in die Altensiedlung, um dort einen neuen Lebensabschnitt zu beginnen, der mir viel

Freude bereiten wird.« Kurz vor dem Einschlafen bekräftigte sie dann noch zutiefst überzeugt: »Es wird alles in göttlicher Fügung geregelt.« Dies tat sie an drei aufeinanderfolgenden Abenden.

Am Morgen des vierten Tages besichtigte ein weiterer Interessent, und zwar ein Manager von der Ostküste, ihr Haus. Es gefiel ihm, und er wollte sofort einziehen. Da er mit dem Preis und allen anderen Bedingungen vollkommen einverstanden war, stellte er ihr sofort einen Barscheck über hunderttausend Dollar aus.

Die Imagination wird wahrlich zu Recht als »Werkstatt Gottes« bezeichnet. Albert Einstein hielt Phantasie übrigens für bedeutsamer als Wissen. Was Sie sich bildhaft vorstellen und in Ihrem tiefen Glauben als wahr empfinden, das wird eintreffen, denn die Imagination gibt Ihren Ideen Gestalt und projiziert sie auf den Bildschirm des Raumes. So verwirklichen sich die von Ihnen gehegten Wunschvorstellungen in Ihrem Leben.

Eine Filmschauspielerin überwand ihre Konkurrenzangst

Nach sechsmonatiger Arbeitslosigkeit bekam eine ehemals sehr erfolgreiche Filmschauspielerin eine glänzende Rolle in einem neuen Film angeboten; doch außer ihr zogen die Produzenten noch drei weitere Schauspielerinnen in Betracht. Das Gespräch mit den Produzenten gab der Schauspielerin das Gefühl, daß sie sich sehr gut für die Rolle eigne. Nun wollte sie von mir wissen, was sie tun müsse, um die Rolle zu erhalten.

Ich sagte ihr, der Gedanke an Konkurrenz erzeuge oftmals starke Ängste und übermäßige Spannungen. Es könne sein, daß sie, wenn sie sich solchen Gefühlen überlasse, die Rolle nicht bekomme; deshalb solle sie zutiefst überzeugt bekräftigen: »Ich danke für meine vollkommene Selbstverwirklichung auf höchster Ebene nach göttlichem Plan und in göttlicher Fügung. Ich freue mich auf die Rolle in diesem Film oder auf eine andere schöne Rolle aus dem Reichtum des Unendlichen, die noch großartiger und besser für mich ist.« Zum Schluß empfahl ich ihr, die ganze Angelegenheit ihrem Unterbewußtsein zu überantworten und jedesmal, wenn sie an die Rolle denke, zu bekräftigen: »Die unendliche Weisheit sorgt für das für mich Beste.«

Die Schauspielerin bekam die angestrebte Filmrolle nicht, doch kurz darauf erhielt sie von einem ausländischen Filmproduzenten einen viel vorteilhafteren Vertrag für eine weit aufregendere, bedeutendere Rolle, die, wie sie mir sagte, »Rolle meines Lebens«.

Der Lohn eines Vorstellungsbildes von Wohlstand und Glück

Vor einiger Zeit erreichte mich aus Frankreich ein überaus erfreulicher Brief einer amerikanischen Modeschöpferin, die in Begleitung ihres Mannes zu einer Modeschau nach Paris gereist war.

Noch ein paar Jahre zuvor war sie der Meinung gewesen, in ihrem Leben stehe alles gegen sie. Ich hatte ihr seinerzeit geraten, sich immer wieder persönlichen und beruflichen Erfolg vorzustellen, denn diese bildhafte Vorstellung werde, wenn sie sie regelmäßig »beschwöre«, ihre negative Einstellung überwinden. Richtig eingesetzte Imagination, so hatte ich ihr gesagt, sei unsere wirksamste Kraft, wenn wir Erfolg haben und inneren sowie äußeren Reichtum erlangen wollen.

Viele Male im Laufe der darauffolgenden Monate hatte sich die Frau vorgestellt, ich würde ihr zu ihrem großartigen Erfolg und auch zu ihrer glücklichen Ehe gratulieren. Einige Monate nach dem Beratungsgespräch war sie nach England geflogen, um Verwandte zu besuchen. Dort hatte sie einen sehr sympathischen Mann kennengelernt; die beiden hatten sich ineinander verliebt und geheiratet.

Ihr Mann fördert sie seit dieser Zeit mit allen ihm zur Verfügung stehenden Kräften. Sie und ihr Modeteam hatten in England erstmals auf europäischem Boden einen glänzenden Erfolg, der sich jetzt, wie aus ihrem Brief zu ersehen war, in Paris wiederholte.

Sie schrieb: »Es ist wahr: Was man sich bildhaft vorstellt und innerlich überzeugt erwartet, das trifft ein, auch wenn es dem Zeugnis unserer fünf Sinne zu widersprechen scheint.«

Diese Frau vertraute der suggestiven Kraft ihrer Imagination und aktivierte somit die ihrem Unterbewußtsein innewohnende unendliche Weisheit, die nach einiger Zeit Mittel und Wege fand, ihre Vorstellungen auf dem Bildschirm des Raumes sichtbar werden zu lassen.

Der glänzende Aufstieg eines Zigarrenverkäufers

Vor fünf Jahren suchte mich ein in Detroit lebender Zigarrenverkäufer auf und bat mich um Rat. Er kam finanziell nicht zu Rande, mußte mit seiner Frau und seinen zwei Söhnen in einem Wohnwagen leben, und die Hoffnung auf einen eigenen Wagen oder gar ein eigenes Haus hegte er schon lange nicht mehr.

Ich erklärte ihm in einem einstündigen Beratungsgespräch, wie er die Kraft seiner Phantasie konstruktiv nutzen könne. Auf meinen Vorschlag hin schrieb er sich Folgendes auf: »Ich erbitte ein schönes Haus für meine Familie. Meine Frau, meine Söhne und ich brauchen, um unseren Verpflichtungen optimal nachkommen zu können, eigene Wagen. Ich überantworte diese Wünsche meinem Unterbewußtsein. Beförderung ist mir beschieden, Erfolg ist mir beschieden. Ich danke jetzt für die Erfüllung.«

Der Mann und seine Frau machten es sich zur Gewohnheit, sich abends vor dem Einschlafen lebhaft ein Haus in einem schönen Garten, eine Garage mit vier Autos sowie ein hohes Bankkonto vorzustellen. Außerdem betete der bisher so unglückliche Mann allabendlich: »Ich bin dankbar für Gottes Reichtümer, die allgegenwärtig, unveränderlich und ewig sind. Ich danke für meinen glänzenden Aufstieg.«

Drei Monate lang geschah nichts, dann wurde er, unerwarteterweise, zum Leiter eines gutgehenden Tabakgeschäfts bestellt, und nur kurze Zeit später erbte seine Frau ein Grundstück in Texas, auf dem Öl gefunden worden war. Die Familie siedelte kurz darauf nach Texas über, und nach einigem Suchen fanden sie ein herrlich gelegenes Landhaus, das genau ihrer Vorstellung entsprach. Schnell eignete sich der ehemalige Zigarrenverkäufer, immer auf die Kräfte seines Unterbewußtseins vertrauend, die notwendigen Kenntnisse zur Führung eines Ölunternehmens an und kann nun seiner Familie einen weitaus höheren Lebensstandard bieten, als er es sich je erhofft hatte.

Suggestives Gebet zur Aktivierung Ihrer Imagination

Machen Sie sich die tägliche Gewohnheit zu eigen, betend die unendlichen Kräfte Ihres Imaginationsvermögens zu aktivieren, indem Sie sich sagen: »Meine Vorstellung richtet sich darauf, mehr über Gott und sein Wirken zu erfahren. Ich stelle mir mich im göttlichen Zustand vollkommener Gesundheit, der Harmonie und des Friedens vor. Mein Vorstellungsbild beruht auf dem Wissen, daß das Göttliche in jedem Menschen ist, und auf meinem tiefen Glauben, daß ich jetzt auf allen meinen Wegen in göttlicher Fügung beschützt und geleitet werde.

Ich weiß, daß jede bildhafte Vorstellung, der ich treu bleibe, von meinem Unterbewußtsein aufgenommen, entwickelt und auf dem Bildschirm des Raumes sichtbar gemacht wird. Ich stelle mir zu jeder Zeit für mich selbst und für andere nur das vor, was dem Göttlichen in mir entspricht. Dies gewöhne ich mir an.

Ich stelle mir jetzt vor, daß ich tue, was ich schon lange gern tun möchte. Ich stelle mir vor, daß ich besitze, was ich gern besitzen möchte. Ich stelle mir vor, daß ich der bin, der ich gern sein möchte. Damit dies Wirklichkeit wird, empfinde ich es als vollzogene Tatsache. Ich freue mich darüber und danke dir, Gott.«

ZUSAMMENFASSUNG

1. Eine Seele ohne Phantasie wäre wie ein Observatorium ohne Teleskop. Imagination ist eine Urfähigkeit des Menschen, und sie vermag jedes intensiv gehegte Vorstellungsbild auf dem Bildschirm des Raumes sichtbar werden zu lassen.

2. Zeichnen Sie sich eine »psychische Schatzkarte«, in die Sie Ihre Herzenswünsche eintragen. Studieren Sie die Karte mehrmals täglich, bekräftigen Sie zutiefst überzeugt, daß jeder Wunsch jetzt erfüllt wird, und stellen Sie sich die Erfüllung bildhaft vor. Seien Sie beharrlich, dann werden Sie erfahren, daß Ihre Vorstellungsbilder Ihr Unterbewußtsein prägen und diese in Ihrem Leben zur Geltung kommen werden.

3. Wenn Ihnen zum Beispiel der Ausgang eines Rechtsstreits Sorgen bereitet, sollten Sie die mit Phantasie arbeitende Form der Gebetstherapie anwenden. Bekräftigen Sie zutiefst überzeugt, daß im Geist und in den Herzen aller Beteiligten Verständnis, Harmonie und Frieden herrschen. Stellen Sie sich vor, wie man Ihnen von der gütlichen Einigung berichtet. Wenn Sie mit den Worten »Der Ausgang stellt alle zufrieden!« einschlafen, so prägen Sie damit Ihrem Unterbewußtsein die bestmögliche Lösung ein.

4. Ein Fremdenführer glaubte, die Fähigkeit des Rutengehens geerbt zu haben – und hatte sie, wie seine Erfolge bewiesen. Jeder Mensch ist ein Sensitiver, wenn er es sich vorzustellen und an sein Vorstellungsbild zu glauben vermag.

5. Eine Witwe hatte enorme Schwierigkeiten beim Verkauf ihres Hauses. Auf meinen Rat hin stellte sie sich jeden Abend vor dem Einschlafen vor, sie halte einen Scheck über die volle Verkaufssumme in der Hand, gehe tags darauf zu ihrer Bank und lasse den Scheck ihrem Konto gutschreiben. Nachdem sie zutiefst überzeugt bekräftigt hatte: »Es wird alles in göttlicher Fügung geregelt«, wurde die Erfüllung ihrer Wünsche nach kurzer Zeit Realität. Sehen Sie die Imagination als »Werkstatt Gottes«.

6. Wenn Sie sich neben mehreren Konkurrenten zum Beispiel um eine Stellung oder einen Auftrag bewerben, sollten Sie jede Angst und jede Spannung vermeiden. Bekräftigen Sie zutiefst überzeugt: »Ich akzeptiere die Stellung (den Auftrag) oder auch etwas anderes aus dem Reichtum des Unendlichen, das noch großartiger und besser für mich ist.« Aufgrund dieser Haltung erlangen Sie das Angestrebte oder etwas noch Besseres.

7. Halten Sie beharrlich an Ihrem Vorstellungsbild fest und lassen Sie keine Zweifel aufkommen. Nehmen Sie die Verwirklichung Ihres

Wunsches als vollzogene Tatsache vorweg. Freuen Sie sich und danken Sie Gott für die Wohltat.

8. Durch die angegebene Meditationsübung erweitern Sie die sinnvolle Nutzung Ihrer Imagination. Das Ergebnis ist ein in jeder Weise reicheres Leben.

KAPITEL 9

Wie das Prinzip des unendlichen Wachstums Ihren Wohlstand mehrt

Überall versuchen Menschen, das Gute in ihrem Leben zu vermehren und zu vergrößern. Ein gottgegebenes Verlangen drängt sie, sich zu entwickeln, zu wachsen, emporzusteigen, an die Grenzen der Sinnenwelt zu stoßen und sie zu überwinden.

Bestimmt wünschen auch Sie sich die Vermehrung Ihrer irdischen Güter, Ihres Geldes, Ihrer beruflichen Chancen und Ihrer Freunde. Sie wünschen sich, wie alle anderen Menschen und auch ich, den Genuß der angenehmen Dinge des Lebens. Der sichere Weg zur Verwirklichung dieser Wünsche führt über die Kenntnis der universellen Gesetze des Geistes, mit deren Hilfe jeder einzelne die unermeßliche Schatzkammer in seinem Inneren anzapfen und somit Zugang zum unendlichen Geist kosmischer Dimension finden kann.

Der Erdboden vergrößert und vervielfacht seiner Natur gemäß die Samen, die Sie aussäen. Wenn Sie Eicheln in den Boden legen, können Sie fest damit rechnen, daß nach Jahren ein Eichenhain entstanden sein wird. *Gott hat das Gedeihen gegeben* (1. Korinther 3, 6). Das Netzwerk Ihres Unterbewußtseins ist gedeihlich wie der Erdboden: Durch bildhaftes Vorstellen von Wohlstand und Reichtum sowie konzentriertes, intensives Denken an Harmonie und Glück wird Ihr Unterbewußtsein aktiviert, und zwangsläufig werden innere wie auch äußere Reichtümer auf dem Bildschirm des Raumes, das heißt in Ihrem Leben, sichtbar.

Wachstum bedeutet demnach, daß Sie sich in allen nur erdenklichen Lebensbereichen positiv entwickeln. Jeder Gedanke ist Grünlicht des Handelns, ist beginnende Aktion und der entscheidende Schritt zur Erreichung der in Ihrem Unterbewußtsein innewohnenden und Sie umgebenden Reichtümer.

Sobald er an sein Wachstum glaubte, wurde er reich

Vor Jahren hielt ich auf dem Handelsschiff »Princess Italia«, das im Zuge einer Rundfahrt viele Häfen in Alaska anlief, ein Seminar ab. Im Hafen der kanadischen Stadt Victoria kamen achtzehn junge Leute, die sich dem Studium der Geisteswissenschaften verschrieben hatten, zu mir aufs Schiff. Wir unterhielten uns gut drei Stunden lang über die Weisheit und die Wunder des Unterbewußtseins, und zwei meiner Besucher berichteten, daß sich aufgrund der Lektüre meines Buches *Die Macht Ihres Unterbewußtseins* und die Anwendung der von mir empfohlenen Einstellungen und Prinzipien ihr Schicksal grundlegend geändert hätte; sie führten jetzt, sagten die zwei jungen Männer, ein viel glücklicheres, reicheres und erfüllteres Leben.

Ein etwa vierzigjähriger Mann, der unsere Diskussion interessiert verfolgt hatte, erzählte mir nach dem Weggang meiner Besucher, daß er vor Jahren immer darüber nachgegrübelt hatte, wie arm er doch sei, und daß er sich auch Sorgen über die Armut und Not so vieler anderer Menschen gemacht hatte. Wenn er beispielsweise von Zeit zu Zeit Verwandte besucht habe, sei er stets ihrem Geldmangel, ihrer Armut und ihren Krankheiten begegnet. Auch habe er sich selbst ständig gefragt, warum er einfach nicht vorankomme, obwohl er doch regelmäßig zu Gott für eine bessere Zukunft betete.

In seiner Ratlosigkeit hatte er eines Tages einen spirituell hochstehenden Psychotherapeuten aufgesucht. Dieser hatte ihm gesagt, das alles liege an seinem Denken. Wenn er immer nur denke, wie er und so viele andere Menschen in Armut und Not leben, neutralisiere er, weil sein Denken schöpferisch sei, seine eigenen Gebete, und er beraube sich selbst ihrer segensreichen Wirkung. Der Mann sagte zu mir, ihm sei es »wie Schuppen von den Augen gefallen«. Seit dieser Zeit bekräftigt er zutiefst überzeugt, daß Gott ihn und alle anderen Menschen in jeder nur erdenklichen Weise wachsen läßt. Außerdem hat er sich auf den Ratschlag seines Psychotherapeuten hin angewöhnt, jedem Menschen, dem er begegnet, Gottes Frieden und Fülle zu wünschen.

Inzwischen ist er ein in Alaska angesehener, sehr erfolgreicher Geschäftsmann, der über sein eigenes Privatflugzeug verfügt und auf ein ansehnliches Vermögen verweisen kann. Er kennt jetzt die Wunderwirkung der gläubig praktizierten goldenen Regel, die auf einer tiefen, psychologisch begründeten Wahrheit beruht: Was man anderen wünscht, das wünscht man sich selbst. Diese Weisheit klingt auch in einer alten indianischen Redensart der in Alaska heimischen Ureinwohner an: Das Schiff, das zu meinem Bruder heimkommt, kommt zu mir heim.

Wer sich am Erfolg anderer erfreut, wächst selbst

An der Schiffsreise, die uns nach Alaska führte, nahm auch ein Geschichtsprofessor teil, mit dem ich mich eines Nachmittags angeregt unterhielt. Er schrieb seine beruflichen Erfolge und den Aufstieg zum Professor nicht nur, was durchaus einleuchtend wäre, seinem Fleiß und seiner Fachkenntnis zu, sondern auch dem Umstand, daß er sich, wie er sagte, bewußt und systematisch über Erfolge seiner Kollegen freue. Es habe ihn immer mit Zufriedenheit, Genugtuung und Hoffnung erfüllt, wenn er seine Kollegen vorankommen sah.

Erst später, nach Jahren, so gestand er, habe er erkannt, daß er, indem er aufrichtige Freude über das Glück und die Erfolge seiner Kollegen empfand, sich dadurch selbst förderte und beförderte!

Seine Gedanken und Gefühle sanken in sein Unterbewußtsein, und was dort eingepflanzt wird, kann hundertfach, ja sogar tausendfach vervielfältigt zur eigenen Freude, zum eigenen Glück hervorwachsen. Der sympathische Mann, der mir das erzählte, ist heute der jüngste Professor an seinem College.

Freuen auch Sie sich an der Idee von Reichtum und Fülle für Ihre Mitmenschen, dann wird das Prinzip des Wachstums auch in Ihrem Leben wirksam werden.

Die wundersame Vermehrung seines letzten Dollars

In Juneau, Alaska, berichtete mir der Besitzer eines ansehnlichen Ladens, daß er vor sieben Jahren mit einem einzigen Dollar in der Tasche hier angekommen sei. Dann sagte er: »Ich betrachtete den Silberdollar in meiner Hand und sagte mir: ›Alles auf der Welt kommt von Gott.‹ Dann schloß ich die Finger um den Dollar und sagte mir immer wieder, wohl eine Stunde lang: ›Gott vervielfacht meinen Dollar über die Maßen, denn Gott ist es, der wachsen läßt und alles mehrt.‹«

Mit einem Dollar in der Tasche habe er zu Fuß die für ihn neue Stadt besichtigt – und er fand auf der Straße einen Hundertdollarschein, der ihm erlaubte, sich in einem Hotel einzuquartieren. Kurze Zeit später bekam er Arbeit in einem Restaurant, und da er sehr genügsam lebte, konnte er einiges Geld ersparen. Er nahm Flugstunden, erwarb bald darauf preiswert ein Flugzeug und erschloß sich eine zusätzliche lohnende Einnahmequelle als »Buschpilot«. Noch heute fliegt er gelegentlich Touristen über Gletscher und Berge zu den landschaftlichen Sehenswürdigkeiten Alaskas. In sieben Jahren erwarb er ein kleines Vermögen, nicht zuletzt aufgrund dieses Nebenberufes, der ihm auch noch viel Freude macht.

Seinen andauernden Erfolg führt der Mann darauf zurück, daß er in der unerschütterlichen Erwartung des für ihn Guten lebt und Gott als der Quelle aller Segnungen täglich dankt. Es ist kein »Wunder«, daß die Reichtümer Gottes ungehindert in sein Leben fließen.

Wachstum liegt in jedermanns Reichweite

Sie können die universell gültigen Gesetze des Denkens und Glaubens wie jeder andere Mensch dazu nutzen, in allen Belangen voranzukommen und zu wachsen. Geben Sie an Ihrer jetzigen Wirkungsstätte Ihr Bestes, das heißt, seien Sie gegenüber den Menschen in Ihrer Umgebung rücksichtsvoll, liebenswürdig, freundlich und umgänglich, begegnen Sie ihnen voll Güte und Liebe.

Denken Sie nie kleinlich, sondern in großen Dimensionen. Vergegenwärtigen Sie sich das Prinzip der Fülle und des Wachstums, auf dessen Spuren Sie überall stoßen. Billigen Sie, was Sie tun. Ihr jetziges Tun ist ein Schritt vorwärts, und jeder Schritt führt Sie zu größerem Erfolg. Erkennen Sie Ihren wahren Wert und wünschen Sie sich bewußt Wohlstand, Beförderung und Anerkennung. Sehen Sie sich bildhaft-konkret in Situationen, die die Verwirklichung Ihrer Wünsche vorwegnehmen. Freuen Sie sich über das gedanklich Erreichte.

Achten Sie aber auch darauf, daß Sie allen Menschen, mit denen Sie zusammenkommen – sei es Ihr Chef, Ihr Kollege oder sei es Ihr Kunde oder Ihr Freund –, ebenfalls Wachstum und Wohlstand wünschen. Schließen Sie, wenn Sie beten, Ihre Mitmenschen in Ihre Gebete ein. Machen Sie sich dies zur Gewohnheit, dann werden Sie Ihr Unterbewußtsein entsprechend prägen. Auch werden Ihre Mitmenschen die von Ihnen ausstrahlenden Energien innerer Harmonie, guten Willens und guter Wünsche spüren, und das gesetzmäßig wirksame Prinzip der Anziehung wird Ihnen hundert neue Möglichkeiten erschließen.

Sein Vorstellungsbild nahm die Zukunft vorweg

Während einer Reise nach Spanien und Portugal hatte ich in Sevilla eine sehr interessante Begegnung. Ich besichtigte dort die imposante Giralda, ehemals Minarett und nun Glockenturm der Kathedrale, dieses größten spätgotischen Kirchenbaus der Welt, in dem 1899 die Gebeine von Christoph Kolumbus endgültig ihre letzte Ruhe fanden. Und hier lernte ich einen siebenundzwanzigjährigen Mann kennen, der aus Ecuador stammte und ausgezeichnet Englisch, Spanisch und Portugiesisch sprach.

Der Mann schilderte mir ein faszinierendes Erlebnis, das sich etwa vor fünf Jahren ereignet hatte. Ein Freund aus Los Angeles hatte ihm ein Exemplar meines Buches *Die Gesetze des Denkens und Glaubens* geschickt, das er daraufhin intensiv studiert hatte. Damals beendete er gerade sein Universitätsstudium, und er wandte nun eine der in diesem Buch beschriebenen Techniken an. Jeden Abend vor dem Einschlafen stellte er sich bildhaft vor, er sei Fremdenführer und begleite als solcher private Reisegruppen nach Spanien und Portugal. In seiner Vorstellung *war* er der Reiseführer, der zu sein er sich wünschte. Er wußte, daß die seinem Unterbewußtsein innewohnende Weisheit ihm den Weg zur Verwirklichung seines Wunsches weisen würde, und lebte zutiefst überzeugt in dieser Vorstellung.

Das Ergebnis ist beeindruckend: Einer seiner Professoren fragte ihn eines Tages, ob er nicht Interesse daran habe, ein reiches kanadisches Ehepaar als Fremdenführer und Dolmetscher auf die Iberische Halbinsel zu begleiten. Natürlich nahm er das Angebot an. Seither hält er sich auf der Halbinsel auf, denn das Ehepaar empfahl ihn an wohlhabende Freunde weiter, für die er nun als Führer, Chauffeur sowie Dolmetscher arbeitet. Neben seiner an sich interessanten Tätigkeit, die ihm ein beträchtliches Einkommen sichert, kann er sich, wie er mir mit sichtbarer Freude sagte, seiner angestrebten Vervollkommnung in Kunstgeschichte widmen.

Auf der Startbahn zu den inneren und äußeren Reichtümern steht auch Ihnen nichts im Weg. Was immer Sie sich im Vertrauen auf die universellen Gesetze des Geistes bildhaft vorzustellen vermögen und somit als Tatsache Ihres Lebens geistig vorwegnehmen, das können Sie auch verwirklichen.

Was ihn in seinem Wachstum hinderte und wie er das änderte

Vor einigen Jahren meinte ein Schreibwarenhändler in einem Gespräch vorwurfsvoll zu mir, er bete um Erfolg, Fülle und Wohlstand, erziele aber nicht die geringsten Ergebnisse in Richtung seiner Anliegen. Ich fand bald heraus, daß er sich in Wirklichkeit seines Armseins wie einer Tugend rühmte, andererseits aber der Regierung, dem Steuerdruck und überhaupt dem ganzen politischen System die Schuld an seiner mißlichen Lage anlastete. Er hielt sich für ein Opfer der »verdorbenen« Gesellschaft und rein äußerer Umstände.

Ich erklärte ihm, daß er durch sein ständiges Jammern und Poltern seine finanziellen Schwierigkeiten nur verschlimmerte. Sein Unterbewußtsein vervielfache, so sagte ich ihm, genau das, was er tagtäglich denke und glaube.

Auf meine Empfehlung hin änderte er die Inhalte seines Denkens und Glaubens. Täglich nun bekräftigte er mehrmals tief überzeugt: »Mein Geschäft ist Gottes Geschäft, und das Geschäft

Gottes blüht und gedeiht. Ich werde jetzt der göttlichen Fülle um mich herum und der göttlichen Kraft in meinem Inneren gewahr. Diese Kraft wird jetzt sofort wirksam. Ich bin offen für Wachstum und Wohlstand. In mein Geschäft kommen Menschen, die gedeihen, und auch ich gedeihe bestens. Aus den Schatzkammern des unendlichen Geistes fließen mir Gottes innere und äußere Reichtümer in Fülle zu.«

Die einfachen Wahrheiten dieses schlichten Gebetes machten sich bald in seinem Leben geltend. Das Geschäft ging aufwärts, und nach einigen Monaten sah seine finanzielle Lage bedeutend besser aus. Der Mann hat erkannt, daß in der Vergegenwärtigung der Reichtümer Gottes der Schlüssel zu finanziellem Erfolg liegt.

»Bittet, so wird euch gegeben«

In dem berühmten portugiesischen Wallfahrtsort Fátima machte ich nach der üblichen Besichtigung mit meinem kolumbianischen Reisebegleiter, den ich schon seit längerem gut kannte, eine ausgedehnte Mittagspause. Als wir gerade unser Essen bestellt hatten, kam eine Schülerin an unseren Tisch, stellte sich vor und sagte: »Herr Doktor Murphy, ich danke Ihnen sehr für Ihren Brief und das Gebet, das Sie mir voriges Jahr geschickt haben. Ich habe Ihre Anweisungen genau befolgt.«

Da ich mich nicht an den Brief des Mädchens erinnern konnte, klärte mich Jane auf. Sie hatte mir geschrieben, daß es ihr sehnlicher Wunsch sei, nach Fátima zu fahren, daß sie aber kein Geld habe und mich bitte, ihr zu schreiben, wie sie beten müsse. Den Wunsch nach der Reise hatte ein Buch über Fátima in ihr geweckt, doch ihre in San Franzisko lebenden Eltern verfügten nicht über die Mittel, ihr diese Reise zu ermöglichen.

Jane zeigte mir eine Abschrift des Gebetes, das ich ihr seinerzeit geschickt hatte: »Gott öffnet mir den Weg, daß ich in göttlicher Fügung kraft göttlicher Liebe den Wallfahrtsort Fátima besuchen kann.« In meinem Brief hatte ich ihr empfohlen, jeden Abend vor dem Einschlafen ihren Körper zu entspannen und sich dann lebhaft vorzustellen, sie steige in Lissabon aus dem Flugzeug, zeige den protugiesischen Grenzpolizisten ihren Paß und fahre danach in den Wallfahrtsort. Sie solle ferner, wenn sie im Geiste die Kirche von Fátima betrete, das Gefühl haben, daß sie wirklich dort sei: sehen und hören, was da vorgeht, und sich über ihre Anwesenheit in der Kirche zutiefst freuen. Wenn sie jeden Abend mit dieser Vorstellung einschlafe, werde sich ein Weg öffnen.

Jetzt erzählte mir die Schülerin, wie es zur Verwirklichung ihres Herzenswunsches kam. Eine Schulfreundin hatte sie fürs Wochenende zu sich nach Hause eingeladen. Wie sich herausstellte, hatte der Vater ihrer Freundin für den nächsten Sommer eine Reise nach Spanien und Portugal vor, auf der auch Fátima besucht werden sollte. Als er von Janes Herzenswunsch hörte, lud er sie spontan ein, die Reise mit seiner Familie mitzumachen.

In der Bibel heißt es: *Ich gehe hin, euch die Stätte zu bereiten. Und wenn ich hingehe, euch die Stätte zu bereiten, so will ich wiederkommen und euch zu mir nehmen, auf daß ihr seid, wo ich bin* (Johannes 14, 2 – 3).

Die Schülerin hatte die Stätte, die sie besuchen wollte, »bereitet« durch bildhaftes Vorstellen der Situation, die sie sich wünschte. Ihr so geprägtes Unterbewußtsein hatte sich ihres Wunsches angenommen und den Weg eröffnet. Der Vater ihrer Freundin war zum Kanal für die Antwort auf ihr Gebet geworden.

Die Freude dieses Mädchens beschreibt das Bibelwort: *Mein Becher ist gefüllt bis zum Rande* (Psalm 23, 5), die Verheißung der Erfüllung für jeden von uns ein anderes: *Bittet, so wird euch gegeben* (Matthäus 7, 7).

Eine Meditationsformel zu Einstimmung auf Erfolg

Die nachfolgende wirksame Meditationsübung hilft Ihnen auf dem Weg zu größerem beruflichem oder geschäftlichem Erfolg.

»Ich meditiere jetzt über die Allgegenwart und immerwährende Aktivität Gottes. Ich weiß, daß Gottes unendliche Weisheit zu jeder Zeit und an jedem Punkt des Universums tätig ist. Ich weiß, daß ich an der unendlichen Weisheit Gottes teilhabe. Ich glaube und bekräftige, daß mir Göttliches innewohnt, nämlich Geist von seinem Geist. Ich weiß, daß mein Tun von dieser göttlichen Gegenwart in meiner Mitte gesteuert wird. Meine Motive sind gottgefällig und ehrlich. Ich bringe Gottes Weisheit, Wahrheit und Schönheit ständig zum Ausdruck. Der Allwissende in meiner Mitte weiß, was zu tun ist und wann es zu tun ist.

Ich werde in meinem Geschäft oder Beruf vollkommen von der Weisheit und Liebe Gottes geleitet und gelenkt. Göttliche Führung ist mir beschieden. Ich kenne die Antwort Gottes, denn in mir ist Frieden.«

ZUSAMMENFASSUNG

1. Überall auf der Erde ersehnen die Menschen Wachstum. Ein gottgegebenes Verlangen drängt sie, sich zu entwickeln, an die Grenzen der Sinnenwelt zu stoßen und sie zu überwinden. Zapfen Sie die unermeßliche Schatzkammer in Ihrem Inneren an, um somit Zugang zu den Reichtümern dieser Welt zu finden.
2. Wachstum bedeutet Vermehrung des Guten auf allen Ebenen und in jeder Hinsicht – für Sie und alle anderen Menschen, mit denen Sie zu tun haben.
3. Reden Sie nicht von der Armut oder Krankheit anderer Menschen – unweigerlich werden diese Zustände in Ihr eigenes Leben Einzug finden. Bekräftigen Sie vielmehr zutiefst überzeugt, daß Gott Sie und alle anderen Menschen in jeder nur erdenklichen Weise wachsen läßt. Denken Sie auch nicht mehr an finanzielle Schwierigkeiten. Richten Sie vielmehr Ihre Aufmerksamkeit auf die inneren und äußeren Reichtümer, die Sie in gottgewollter Fülle umgeben.
4. Freuen Sie sich aufrichtig über das Glück, die Erfolge und die Reichtümer der Menschen in Ihrer Umgebung. Seien Sie glücklich, wenn Sie erleben, daß andere Menschen die Reichtümer Gottes sichtbar zum Ausdruck bringen, denn damit ziehen Sie für sich selbst Reichtümer aller Art an. Ihr Denken ist schöpferisch, und was Sie über andere denken, bringen Sie in Ihrem eigenen Leben zur Geltung.
5. Seien Sie sich darüber klar, daß alles – auch Ihr Geld – aus dem unendlichen Geist kommt. Ein wohlhabender Ladenbesitzer in Alaska, der sieben Jahre zuvor nur einen einzigen Silberdollar besaß, bekräftigte zutiefst überzeugt: »Gott vervielfacht was ich habe über die Maßen, denn Gott ist es, der wachsen läßt und alles vermehrt.« Sein Unterbewußtsein öffnete ihm bald alle Türen zu einem ansehnlichen Vermögen.
6. Geben Sie an Ihrer jetzigen Wirkungsstätte Ihr Bestes, und Sie werden auch das Beste erhalten. Seien sie rücksichtsvoll, liebenswürdig, freundlich und gütig zu anderen. Ihre Mitmenschen werden die von Ihnen ausstrahlenden Harmonien spüren, und die Anziehung wird Ihnen neue Möglichkeiten erschließen.
7. Konzentrieren Sie Ihr Denken auf das, was Sie sein, was Sie tun oder haben möchten. Seien Sie überzeugt, daß die Weisheit Ihres Unterbewußtseins Sie unterstützen wird. Halten Sie beharrlich an Ihren bildhaften Vorstellungen fest, dann wird Ihr Unterbewußtsein sie entwickeln und in Ihrem Leben sichtbar machen.

8. Ein Schreibwarenhändler betete um Erfolg, Fülle und Wohlstand. Es stellte sich jedoch heraus, daß er äußeren Umständen die Schuld an seiner finanziellen Misere gab. Nachdem er jedoch die Gabe des universellen Geistes erkannt, die Inhalte seines Denkens geändert und tief überzeugt die unendliche Kraft in seinem Inneren geweckt hatte, nahm sein Geschäft einen erfreulichen Aufschwung.

9. Es kann ohne weiteres folgendes vorkommen: Sie möchten eine Reise machen, besitzen aber nicht die hierfür nötigen finanziellen Mittel. Sie sollten deshalb nicht von Ihrem Plan abrücken, sondern bekräftigen: »Gott öffnet mir den Weg in göttlicher Fügung kraft göttlicher Liebe.« Darüber hinaus sollten Sie sich den Ort, an den Ihre Reise führen soll, intensiv bildhaft vorstellen. So prägt sich Ihr Vorstellungsbild Ihrem Unterbewußtsein ein und dieses wird sich Ihres Wunsches annehmen. *Bittet, so wird euch gegeben* (Matthäus 7, 7).

10. Die angegebene wirksame Meditationsübung hilft Ihnen auf dem Weg zu größerem beruflichem oder geschäftlichem Erfolg.

KAPITEL 10

Wie Sie das Tor zur Schatzkammer des Unendlichen öffnen

Das Tor zu den unendlichen Reichtümern ist in der wunderbaren biblischen Weisheit umschrieben, die da lautet: *Ich bin gekommen, daß sie das Leben und volle Genüge haben sollen* (Johannes 10, 11).

Seit alters her suchen Menschen den Schlüssel zu Erfolg und Reichtum, doch sie wissen nicht, daß sich dieser Schlüssel in ihrem Inneren befindet.

Wir sind hier auf Erden, um ein erfülltes, glückliches Leben zu führen, um unsere verborgenen Talente zu entwickeln und die uns innewohnende Fülle sichtbar werden zu lassen. Gott ist der Gebende und die Gabe, und alle Reichtümer Gottes warten darauf, daß wir sie entdecken, nutzen und uns an ihnen erfreuen.

Indem Sie den Gesetzen des Denkens und Glaubens vertrauen, können Sie aus der Schatzkammer in Ihrem Inneren alles schöpfen, was Sie benötigen, um ein reiches, in jeder Weise befriedigendes Leben zu führen.

Wie eine verlassene Frau und Mutter die Quelle alles Guten entdeckte

Vor mehreren Jahren hielt ich Vorträge über die geistigen Prinzipien in der Lehre des amerikanischen Philosophen Ralph W. Emerson, der als glänzender und auch als der führende Vertreter der amerikanischen Transzendentalphilosophie gelten kann. Unter den Zuhörern befand sich eines Abends auch eine junge Frau, die am gleichen Tag in den Morgenstunden bei der Fürsorge finanzielle Unterstützung für sich und ihre beiden

Kinder beantragt hatte, weil ihr Mann sie plötzlich verlassen hatte.

Gespannt hörte sie meinem Vortrag zu, und ein Zitat des Philosophen erregte ihre besondere Aufmerksamkeit: »In meinen sämtlichen Vorlesungen lehrte ich die Unendlichkeit des einzelnen Menschen und die immerwährende Präsenz der göttlichen Gegenwart im menschlichen Geist, eine Gegenwart, aus der jeder einzelne unerschöpfliche Kraft holen kann.«

Diese Worte Emersons beeindruckten die Frau deshalb so, weil sie ihr jetzt in einem neuen Licht erschienen. Sie hatte zwar auf dem College Philosophie studiert und sich auch mit den Schriften Emersons auseinandergesetzt, aber seinerzeit nur den literarischen und allenfalls noch den erkenntnistheoretischen Aspekt betrachtet.

Von diesem Tag an betete sie, wie sie mir später schrieb, regelmäßig, indem sie sich Folgendes vergegenwärtigte: »Ich vertraue auf die Quelle alles Guten in meiner Mitte und stelle durch mein Denken zu ihr die Verbindung her. Ich danke dafür, daß das Tor zum Wohlstand für mich jetzt weit offen steht, daß mir Gottes Reichtümer jetzt ungehindert zufließen und daß jeden Tag mehr Geld in meinem Leben zirkuliert. Mit jedem Tag meines Lebens werde ich seelisch, geistig, wirtschaftlich und in jeder anderen Weise reicher. Geld ist eine in meinem Leben zirkulierende Idee Gottes, und es gibt immer genug Geld.«

Diese Frau setzte ihre Hoffnung *auf den lebenden Gott, der uns dargibt reichlich, allerlei zu genießen* (1. Timotheus 6, 17).

Emerson hatte weiter gesagt: »Der Schlüssel zum Glück eines jeden Menschen ist sein Denken.« Die junge Frau erkannte, daß das äußere Leben eines Menschen stets von den Inhalten des Denkens und Glaubens bestimmt wird. Sie meditierte nun täglich über Geld, finanzielle Sicherheit und Vorwärtskommen auf allen Ebenen.

Nach etwa drei Wochen bekam sie ein Schreiben von einem Anwalt in Houston, der ihr mitteilte, daß ihr Großvater gestorben sei, daß dieser ihr eine seiner ergiebigen Ölquellen vermacht habe und daß sie sofort regelmäßige Einkünfte aus dieser Quelle erhalten werde. Die zuvor so unglückliche Frau hat an sich erfahren, wie ihr eigenes Denken im Einklang mit dem unendlichen Geist, dessen Wege oftmals unergründlich sind, das Tor zu Reichtum öffnete.

Er fand zu echter Selbstverwirklichung

Vor einiger Zeit beriet ich einen älteren Textilingenieur, der dreißig Jahre in einer Firma gearbeitet hatte und nach dem Verkauf des Unternehmens trotz dieser langen Betriebszugehörigkeit von dem neuen Inhaber entlassen worden war. Er sagte zu mir, daß man ihn überall, wo er sich bewerbe, wegen seines Alters ablehne.

Ich erwiderte, er biete doch nicht sein Alter an, sondern seine im Laufe der Jahre erworbene große Erfahrung und seine umfangreichen Fachkenntnisse. Zum ersten Male in seinem Leben hörte er von der Macht des Unterbewußtseins. Sein Unterbewußtsein, erklärte ich ihm, sei das wunderbare Tor des Zugangs zu Selbstverwirklichung, Erfüllung und den Reichtümern des Lebens. Künftig betete er jeden Morgen und jeden Abend tief überzeugt von der Wahrheit dessen, was er bekräftigte: »Die unendliche Weisheit, an der ich teilhabe, kennt meine verborgenen Talente und öffnet mir in göttlicher Fügung eine neue Tür zur Selbstverwirklichung, und ich folge der Führung, die klar und deutlich in mein Bewußtsein tritt.«

Eine Woche später traf er zufällig in seinem Klub einen guten alten Freund, den er schon eine kleine Ewigkeit nicht mehr gesehen hatte. Nachdem sie sich eine Zeitlang angeregt unterhalten hatten, sagte dieser zu ihm wie aus heiterem Himmel: »Tom, in unserer Firma ist ein Posten frei – ich glaube, du bist genau der richtige Mann dafür.« Der Textilingenieur nahm das Angebot ohne Zögern an, zumal die neue Stellung wesentlich höher bezahlt war und ein interessanteres Aufgabengebiet umfaßte, als dies bei seiner bisherigen Arbeit der Fall gewesen war.

Denken Sie daran: Von innen und nicht von außen her müssen Sie Verbindung mit den Reichtümern des Lebens aufnehmen. Der Textilingenieur hat diese Wahrheit erst spät in seinem Leben erkannt. Doch für die Änderung Ihrer Geisteshaltung – die Ihnen endlich echte Selbstverwirklichung einbringt – ist es nie zu spät.

Ein Physiker berichtet über seine Erfahrung

Unlängst besuchte mich ein aus Frankreich stammender Physiker. Im Laufe unseres lebhaften Gesprächs sagte er, alle Physiker unserer Zeit seien sich mit Albert Einstein darin einig, daß Geist und Materie eins sind, daß Energie und Materie umgewandelt werden können und austauschbar sind, daß Materie die niedrigste Stufe von Geist und Geist die höchste Stufe von Materie ist. Wenn also Geist und Materie ein und dasselbe sind, so kann man auch sagen: Materie ist somit universelle Substanz oder sichtbar gemachte Energie oder Geist. Die geformte und die ungeformte Welt bestehen aus einer einzigen Substanz, die wir Geist nennen. Alles, was ist, ist zuerst geistig existent und wird erst sichtbar kraft Geistes.

Der Physiker erzählte: »Als ich nach Amerika kam, besaß ich ganze zehn Dollar, aber ich war deswegen nicht unruhig; ich kannte Ihre Bücher und ich wußte, daß das Unsichtbare sichtbar werden würde. Ich betete in meinem Hotelzimmer entsprechend dem Wortlaut eines von Ihnen empfohlenen Meditationstextes: ›Göttlicher Geist ist meine sofortige und immerwährende Versorgungsquelle. Er nimmt die Form von Nahrung, Kleidung, Geld, die Gestalt von Freunden und wohlwollenden Bekannten und allem anderen an, was ich hier und jetzt brauche. Ich verfüge dies, und ich weiß, daß die Sichtbarwerdung jetzt stattfindet, denn Gott ist das ewige Jetzt!‹«

Die Antwort kam ihm seitens eines wildfremden Menschen, der ihn im Lift des Hotels anredete. Sie unterhielten sich auf französisch, obwohl sie beide ausgezeichnet englisch sprachen. Am Abend aßen sie zusammen. Diesem zunächst, wie gesagt, wildfremden Mann verdankte der junge Physiker, daß er sofort eine Stellung in einem Forschungsunternehmen für Elektronik bekam. Inzwischen ist er nach mehrmaligen Beförderungen und dank seiner hervorragenden Leistungen sogar an dem Unternehmen beteiligt.

Unterschätzen Sie die Kräfte nicht, die wirksam werden, wenn Sie Gott anrufen – Gott als Inbegriff des lebendigen, allmächtigen Geistes. Diese Ihre immerwährende Versorgungsquelle läßt Sie nie im Stich. Und denken Sie immer daran: Sie wurden geboren, um durch die Entwicklung und den Einsatz Ihrer gottgegebenen Fähigkeiten, die in Ihnen ruhen, sich auf allen Ebenen zu entfalten und wahre Erfüllung im Leben zu finden.

Sie können Wunderbares auch für andere in Gang setzen

Wenn Sie einem Verwandten, einem Freund, Kollegen oder anderen Menschen helfen wollen, den richtigen Platz im Leben zu finden, um ein Dasein reichen Gebens und Nehmens zu führen, können Sie mit Hilfe des nachstehenden Gebetes für ihn Kräfte aktivieren und Wunderbares in Gang setzen.

»Die unendliche Weisheit Gottes öffnet diesem Menschen die Tür zu einem Platz, wo er sich verwirklichen und wahrhaft glücklich sein kann. Er wird in göttlicher Fügung zu den richtigen Menschen geführt, die seine Fähigkeiten und Gaben schätzen, und er erhält für seine hervorragenden Dienste ausgezeichneten Lohn. Er ist sich seines wirklichen Wertes bewußt, er wird vorwärtskommen und über seine kühnsten Träume hinaus mit den Reichtümern Gottes gesegnet sein. Ich überantworte dieses Gebet meinem Unterbewußtsein, das Zugang hat zur Weisheit des unendlichen Geistes, der die Erfüllung kennt und sie auf gottgewollte Weise herbeiführt.«

Wiederholen Sie dieses Gebet des öfteren langsam, ruhig und zutiefst überzeugt von der Wahrheit seines Inhalts. Legen Sie Liebe, Begeisterung und Leben in Ihre Worte. Sie werden staunen, was ein solches Gebet für andere zu bewirken vermag. Die Meditationsübung wird aber auch Ihnen selbst zugute kommen.

Es lag nicht an den Vorgesetzten, sondern an seiner Geistes- und Gefühlshaltung

Während eines mehrtägigen Seminars in San Diego suchte mich ein Regierungsbeamter in meinem Hotel auf. Seit Jahren hatte er auf Beförderung und Gehaltserhöhung gehofft, doch nichts hatte sich in seinem Leben geändert. In letzter Zeit hatte er auch noch erhebliche Verluste auf dem Aktienmarkt erlitten. Resigniert meinte er: »Ich bin völlig weg vom Fenster, obwohl ich regelmäßig bete.«

Wie sich herausstellte, hegte er einen tiefsitzenden Groll gegen mehr oder weniger alle seine Vorgesetzten; er vermochte ihnen nicht vorurteilsfrei zu begegnen. Ich erklärte ihm, daß seine von Gereiztheit, Feindseligkeit und Bitterkeit geprägte Geistes- und Gefühlshaltung sowie seine Versagereinstellung seine sämtlichen Gebete neutralisieren mußten – genau wie sich Säure und Lauge, wenn man sie mischt, gegenseitig neutralisieren.

Auf meinen Rat hin beschloß der Mann, die Inhalte seines Denkens und Fühlens grundlegend zu ändern und sich eine positive Haltung anzueignen. Er bat um Verzeihung gegenüber sich selbst und anderen, die er in Gedanken, Worten oder Taten verletzt haben konnte. Mehrmals am Tag entspannte er sich und sprach voll gutem Willen das folgende Gebet: »Ich verzeihe mir, daß ich negative, zerstörerische Gedanken und Gefühle hatte. Ich vertraue meine einstigen und jetzigen Vorgesetzten sowie meine derzeitigen Kollegen Gott an und wünsche ihnen alle Segnungen des Lebens. Sobald ich an einen von ihnen denke, bekräftige ich zutiefst überzeugt: ›Ich habe dich freigegeben; Gott wird mit dir sein.‹ Außerdem erbitte ich jetzt für mich inneren Frieden, Erfolg und Beförderung. Göttliches Recht und göttliche Ordnung sind mir jetzt beschieden. Gottes Reichtümer fließen mir jetzt in Fülle zu. Leben bedeutet Wachstum und Entwicklung, und ich bin jetzt offen für die Reichtümer Gottes, die allgegenwärtig, unveränderlich und unerschöpflich sind. Ich danke jetzt für die inneren und äußeren Reichtümer, die mir zufließen, und was ich jetzt erbitte, wird sich verwirklichen. Die unendliche Weisheit Gottes wird mich führen.«

Wichtig an dieser Gebetstechnik ist die uneingeschränkte, totale Überzeugung. Man muß daher darauf achten, im Nachhinein nicht zu bezweifeln oder zu verleugnen, was man bekräftigt hat.

Der Beamte nun stellte bald fest, daß er aufgrund seiner neuen Einstellung auch neue Menschen anzog und fast auf magische Weise zu bestimmten Büchern fand, die ihn in seiner positiven Haltung bestärkten. Er erkannte, daß er durch sein verändertes

Denken und sein intensives, aufrichtiges Beten immense Kräfte seines Unterbewußtseins aktiviert hatte. Es dauerte nicht lange, und er wurde auf einen viel besser bezahlten Posten nach Los Angeles versetzt. Er machte ganz einfach die beglückende Erfahrung, daß die seinem Unterbewußtsein innewohnende unendliche Weisheit ihm die Tür zur Erfüllung seiner Wünsche zu öffnen vermag.

Setzen Sie Ihre Wünsche menschlich und sittlich hoch an. Geben Sie sich noblen und erfreulichen Vorstellungen hin. Denn was Sie sich vorstellen, das werden Sie, das erreichen Sie, das schaffen Sie. Und worauf Ihr Blick sich richtet, dort gehen Sie hin, dort ist Ihr Ziel.

Ein Meditationstext zur Bestärkung im richtigen Tun

Die folgende Meditationsübung stärkt Ihr Urteilsvermögen und Ihr Vertrauen, so daß Sie in jeder Situation richtig handeln.

»Ich strahle gegenüber allen Menschen, denen ich begegne, in Gedanken, Worten und Taten Wohlwollen und Freundlichkeit aus. Ich weiß, daß der innere Frieden und die Freundlichkeit, die ich ausstrahle, tausendfach zu mir zurückkommen. Die unendliche Weisheit Gottes, an der ich kraft Geistes teilhabe, wirkt durch mich und offenbart mir alles, was ich wissen muß. Ich bin zutiefst davon überzeugt, daß sie mir über unbewußte Mechanismen den Weg zu rechtem, erfolgreichem und beglückendem Tun und echter Selbstverwirklichung eröffnet. Jeden Abend hülle ich mich in den Mantel der Liebe Gottes, und ich schlafe in dem Wissen ein, daß mir göttliche Führung zuteil wird. Wenn der Morgen dämmert, erfüllt mich tiefer Frieden. Ich gehe voll Zuversicht und Selbstvertrauen in den neuen, einen verheißungsvollen Tag. Gott, ich danke dir.«

Zusammenfassung

1. Das Tor zu den unendlichen Reichtümern ist in der biblischen Weisheit umschrieben: *Ich bin gekommen, daß sie das Leben und volle Genüge haben sollen* (Johannes 10, 11).

2. Der amerikanische Philosoph Ralph W. Emerson lehrte vor allem eines: die Unendlichkeit des einzelnen Menschen. Dies bedeutet, daß jeder Mensch kraft Geistes das Unendliche in sich trägt und daß er sich durch die Inhalte seines Denkens und Glaubens mit den Kräften der ihm innewohnenden Gottheit in Verbindung setzen kann.

3. Wenn Sie zutiefst überzeugt dem gottgewollten Guten, Schönen und Edlen vertrauen, indem Sie Ihr Denken und Glauben auf diese Qualitäten einstellen, dann werden Sie ein in jeder Hinsicht befriedigendes Leben führen.

4. Wer sich zum Beispiel um eine Stellung bewirbt, bietet nicht sein Alter an, sondern seine im Laufe der Jahre erworbenen Fähigkeiten, Kenntnisse und Erfahrungen. Ein entlassener Textilingenieur fand eine neue und bessere Stellung, nachdem er oftmals zutiefst überzeugt bekräftigt hatte: »Die unendliche Weisheit, an der ich teilhabe, kennt meine verborgenen Talente und öffnet mir in göttlicher Fügung eine neue Tür zur Selbstverwirklichung, und ich folge der Führung, die klar und deutlich in mein Bewußtsein tritt.«

5. Geist und Materie sind eins. Energie und Materie sind eins. Materie ist somit universelle Substanz oder sichtbar gemachte Energie oder Geist. Die ganze Dingwelt der Materie ist sichtbar gemachter Geist. Bekräftigen Sie daher, daß der göttliche Geist Ihre sofortige und immerwährende Versorgungsquelle ist – und Sie werden sich auf allen Ebenen entfalten und wahre Erfüllung finden.

6. Wollen Sie für einen anderen Menschen um Wohlergehen und echte Selbstverwirklichung beten, müssen Sie zuvor in sich die Überzeugung schaffen, daß die unendliche Weisheit Gottes als Inbegriff des Geistes diesem Menschen die Tür zu seinem richtigen Platz im Leben öffnet. Die Erfüllung ergibt sich oft auf völlig unerwartete Weise.

7. Setzen Sie Ihre Wünsche menschlich und sittlich hoch an. Geben Sie sich noblen und erfreulichen Vorstellungen hin. Denn was Sie sich vorstellen, das werden Sie, das erreichen Sie, das schaffen Sie.

8. Die angegebene Meditationsübung stärkt Ihr Urteilsvermögen und Ihr Vertrauen, so daß Sie in jeder Situation richtig handeln.

KAPITEL 11

Wie Sie Ihre Wahl treffen und das Gewählte erlangen

Die Bibel gibt uns eine klare Anweisung: *... erwählt euch heute, wem ihr dienen wollt...* (Josua 24, 15).

Der Schlüssel zu Gesundheit, Reichtum, Wohlergehen und Erfolg im Leben liegt für Sie in der jedermann gegebenen Fähigkeit, Entscheidungen zu treffen, in maßgebenden wie auch nebensächlichen Belangen zu wählen. Jeder Mensch ist zum Glücklichsein auserkoren und deshalb mit göttlichen Fähigkeiten und Kräften ausgestattet, die ihn zum Herrn über sein Schicksal, zum Kapitän seines Lebensschiffes machen.

Wenn Sie sich der Fähigkeit zu wählen nicht bewußt sind, treffen Sie Entscheidungen, die von äußeren Ereignissen, Umständen und Bedingungen ausgehen, die also auf äußerliche Abhängigkeit abgestellt sind, anstatt auf die Gottesgegenwart in Ihrem Inneren. Vertrauen Sie dem Göttlichen in Ihnen, dem lebendigen Geist, der Sie der vergänglichen Macht äußerer Umstände und sogenannter Zwänge enthebt und auf den Weg zu Gesundheit, Freiheit und Freude führt, die ein erfülltes Leben beschert. Die Fähigkeit der Wahl ist Ihre höchste menschliche Eigenschaft und Ihr unabdingbares Vorrecht, denn darin offenbart sich Ihre schöpferische Kraft.

Wie sich ein Trinker von seinem »Fluch« befreite

Vor ein paar Monaten suchte mich ein etwa vierzigjähriger ehemaliger Angestellter einer Transportfirma, der schon seit geraumer Zeit dem Alkohol verfallen war, auf und bat um meine Hilfe. Ich erklärte ihm, daß er die gottgegebene Fähigkeit besitze, sich hier und jetzt für Abstinenz zu entscheiden, um so die

Grundlage zu schaffen, zu Seelenfrieden, Glück und Wohlergehen zu finden.

Der ehemalige Angestellte wünschte sich aufrichtig, von seinem »Fluch« – so nannte er seine Trunksucht – loszukommen. Ich schrieb ihm daher ein spezielles Gebet folgenden Inhalts auf: »Ich entscheide mich jetzt für Gesundheit, Seelenfrieden und Freiheit, die auch die Freiheit vom Alkohol in sich schließt. Da ich zutiefst davon überzeugt bin, daß die mir innewohnende allmächtige Kraft mich in der von mir getroffenen Wahl unterstützt, weiß ich, daß ich diese Freiheit sowie auch Gesundheit und Seelenfrieden erlangen werde. Was ich jetzt bekräftige, sind Wahrheiten, die sich in mir entfalten und in meinem Leben zur Geltung kommen werden. Ich bin entspannt, und Gottes Frieden durchströmt mich. In meiner Vorstellung bin ich wieder bei meiner Familie und arbeite in meinem früheren Beruf. Sollte ich das Verlangen nach Alkohol spüren, so werden mir sofort die Vorstellungsbilder von Familie und Arbeit gegenwärtig sein. Mit Gottes Hilfe bin ich gesund und frei.«

Er sprach das Gebet vier- bis fünfmal täglich und war sich dabei bewußt, daß der Inhalt seines positiven Denkens und Glaubens sich seinem Unterbewußtsein einprägt. Das Unterbewußtsein akzeptiert jedes überzeugt wiederholte Denkmuster, insbesondere Vorstellungsbilder, und sorgt dann seinerseits, sozusagen autonom agierend und auf unser Handeln rückwirkend, für deren Verwirklichung. Natürlich überfiel ihn das Verlangen nach Alkohol noch gelegentlich; aber er rief sich dann sofort die erwähnten Vorstellungsbilder zu Hilfe und bekräftigte laut: »Ich bin gesund, ich bin mit Gottes Hilfe frei.«

Der Mann hat heute seine verhängnisvolle Gewohnheit überwunden. Seit einiger Zeit arbeitet er wieder in seinem früheren Beruf und kann seiner Frau und den drei Kindern, zu denen er zurückgefunden hat, ein von neuem lebenswertes Dasein bieten.

Sie haben die Wahl – entscheiden Sie sich!

Denken Sie jeden Morgen beim Erwachen daran, daß Ihre Lebenserfahrungen und -umstände die Gesamtsumme dessen darstellen, wofür Sie sich entscheiden. Entscheiden Sie sich deshalb täglich neu für ewig gültige Wahrheiten: »Dies ist der Tag des Herrn. Ich wähle Harmonie, Frieden, Gesundheit. Ich entscheide mich für göttliches Recht, göttliche Ordnung, göttliche Liebe. Ich setze mein Leben auf Schönheit und Fülle. Ich weiß, daß ich durch die Vergegenwärtigung dieser Wahrheiten die mir innewohnende unendliche Weisheit Gottes anrufe, die es mir ermöglicht, das Erwählte in meinem Leben zum Ausdruck zu bringen.«

Jeder Mensch sollte jeden Tag über solche Wahrheiten meditieren. Es sind Lebensprinzipien, die Sie sich bewußtmachen und für die Sie sich aktiv entscheiden müssen. Eigentlich müßte es jedermann leichtfallen, seine Wahl für Prinzipien wie Harmonie, Frieden, Schönheit, Liebe, Freude und Fülle zu treffen. Doch es bedarf einer aktiven Entscheidung.

Ralph W. Emerson sagte einmal: »Frieden vermag Ihnen nur die Anerkennung des Prinzips zu bringen.« Was er meinte, wird Ihnen sofort klar: Es gibt das Prinzip Schönheit, aber kein Prinzip Häßlichkeit; es gibt das Prinzip Harmonie, aber kein Prinzip Uneinigkeit; es gibt das Prinzip Liebe, aber kein Prinzip Haß; es gibt das Prinzip Freude, aber kein Prinzip Traurigkeit; es gibt das Prinzip Fülle und Reichtum, aber kein Prinzip Mangel und Armut; und es gibt das Prinzip rechtes Tun, aber kein Prinzip falsches Tun. Entscheiden Sie sich jetzt für die universell gültigen Wahrheiten und Prinzipien!

Nicht wenige Menschen, die Angst vor Entscheidungen haben, weigern sich, das Göttliche in ihrem eigenen Inneren zu sehen und an das Göttliche zu glauben, das jedem Menschen innewohnt. Es ist aber Ihr gutes Recht, Entscheidungen zu treffen, die auf ewig gültigen, universellen Wahrheiten und den großen, unveränderlichen Lebensprinzipien beruhen. Wenn Sie das tun, dann sehen Sie das Göttliche in jedem Menschen, auch entscheiden Sie sich dann dafür, gesund, glücklich, erfolgreich und wohlhabend zu sein. Das Gegenteil ist für keinen Menschen erstrebenswert.

Was Sie aber überzeugt verfügen, das wird auch unweigerlich eintreffen – wie es in der Bibel heißt: ... *was der Mensch sät, das wird er ernten* (Galater 6, 7).

Wenn Sie sich nicht entscheiden, entscheiden die anderen

Vor nicht allzu langer Zeit besuchte mich eine knapp dreißigjährige Besitzerin eines Spielwarengeschäftes. Sie schien ziemlich ratlos zu sein: »Ich weiß nicht, wofür ich mich entscheiden soll, oder besser: ich weiß nicht, was vernünftig und logisch ist.« Dieser Frau machte ich klar, daß sie bereits eine Entscheidung getroffen hatte: sie hatte sich dafür entschieden, sich nicht zu entscheiden, sich nichts zu erwählen. Das bedeutete, daß sie die Inhalte akzeptierte, die das Durchschnittsdenken der Masse vorschreibt und die dieser »Geist der Masse« tagtäglich offeriert. Diesen irrationalen Geist der Masse, von dem wir alle umspült sind, sollten wir als Grundlage einer Entscheidung ablehnen. Wir können uns unsere Entscheidungen nicht abnehmen lassen.

Die Frau begriff, daß sie selbst denken, überlegen und wählen müsse, weil sie sonst, vom Massengeist manipuliert, in eine ungewünschte Richtung gelenkt würde. Daraufhin faßte sie den konstruktiven Entschluß, ihr Denken zu ändern. Von nun an bekräftigte sie jeden Morgen: »Ich bin ein wählendes, individuelles, ein einzigartiges Wesen mit einem eigenen Willen. Ich habe die Fähigkeit, die Kraft und die Weisheit, die in mir ablaufenden geistig-seelischen Prozesse zu beherrschen und zu lenken. Gott wohnt in meiner Mitte. Was werde ich heute aus der Schatzkammer des Unendlichen in meinem Inneren erwählen? Ich erwähle Frieden, göttliche Führung, rechtes Tun, und ich verfüge: *Gutes und Barmherzigkeit werden mir folgen mein Leben lang, und ich werde bleiben im Hause des Herrn immerdar* (Psalm 23, 6).«

Mit dieser Wahl veränderte die Geschäftsfrau ihr Leben von Grund auf. Sie ist heute viel verständnisvoller, gesünder, leistungsfähiger und hat sich in jeder Hinsicht positiv entwickelt.

Treffen Sie Ihre Wahl im Einklang mit dem Göttlichen in Ihnen

Sie sind ein eigenständiges Wesen und haben, wie Sie wissen, die Fähigkeit der Wahl. Sie wählen beispielsweise nach eigenem Überlegen ein bestimmtes Kleidungsstück und lehnen was Ihnen weniger zusagt ab. In ähnlicher Weise wählen Sie Ihren Arzt,

Ihren Ehepartner, Ihre Freunde, Ihren Beruf, ein bestimmtes Auto oder gewisse Lebensmittel, kurz: Sie sind im Alltag stets dazu aufgerufen, zu wählen und sich zu entscheiden, und tun es auch.

Ich möchte hier noch einmal darauf hinweisen, daß Ihr Leben die Gesamtsumme Ihrer Entscheidungen darstellt. Entscheiden Sie deshalb weise, klug und konstruktiv. Halten Sie sich an die ewig gültigen Wahrheiten, die sich nie verändern, die gestern genau so waren, wie sie es heute sind und morgen sein werden.

Manche Menschen sagen: »Ich lasse Gott für mich entscheiden und wählen.« Diese Menschen sprechen von einem Wesen, das für sie unerreichbar zu sein scheint. Gott, der lebendige Geist und Inbegriff allen Geistes, ist aber allgegenwärtig und ist somit auch in Ihnen. Mehr noch: Er ist Ihr eigentliches Leben. Gottes unendliche Weisheit wirkt auf eine einzige Weise für Sie, nämlich *durch* Sie. Damit das Universelle auf individueller Ebene sichtbar zur Geltung kommen kann, benötigt es als Katalysator das Individuum.

Sie sind dazu berufen, sich zu entscheiden, zu wählen. Sie haben Ihren Willen, Ihre Initiative. Darum sind Sie ein Individuum. Akzeptieren Sie das Göttliche in Ihnen und Ihre sich daraus ergebende Verantwortung, zu wählen und sich zu entscheiden. Andere Menschen können gar nicht wissen, was das Beste für Sie ist. Wenn Sie es ablehnen, selbst zu wählen, lehnen Sie das Göttliche in Ihrer Mitte ab und weisen Ihre göttlichen Anrechte zurück.

Alles Gottgegebene ist Ihnen gegeben

Verwirrt und ratlos kam eines Tages eine junge Witwe zu mir. Sie kannte seit geraumer Zeit zwei Männer, konnte sich aber für keinen der beiden endgültig entscheiden. Ich erzählte ihr die Geschichte von dem Esel, der zwischen zwei Heubüscheln stand und verhungerte, weil er sich nicht entscheiden konnte, welches er zuerst fressen sollte.

Dann erklärte ich der Witwe, sie könne die ihr innewohnende unendliche Weisheit anrufen, damit diese sie führe und leite. Ich riet ihr, vor dem Einschlafen zu beten; sie werde in irgendeiner Weise Klarheit erlangen.

Als sie am Abend nach unserem Gespräch im Bett lag, sprach sie ihre Bitte aus: »Vater, du bist allwissend. Enthülle mir die Antwort und zeige mir, welchen Weg ich gehen soll. Ich danke für die richtige Antwort, denn ich weiß, du kennst sie.« In der Nacht hatte die Frau einen lebhaften Traum: Beide Männer sagten ihr Lebewohl; danach erschien ein dritter Mann, ihr Chef, und bat sie, ihn zu heiraten. Beim Erwachen wußte sie die Antwort. Sie trennte sich von den beiden Männern, und bald darauf machte ihr Arbeitgeber ihr tatsächlich einen Heiratsantrag, den sie mit Freuden annahm.

Die Witwe hielt sich künftig an das Bibelwort: ... *erwählet euch heute, wem ihr dienen wollt* (Josua 24, 15). Wenden Sie sich an die unendliche Weisheit in Ihrem Inneren, rufen Sie sie an, und Sie werden die Freude erleben, die ein erhörtes Gebet bereitet. Sie können Glück und Wohlstand, kurz: ein erfülltes Leben wählen. Es gibt viele Menschen, die versichern, in ihrem Dasein nur Krankheiten, Fehlschläge, Enttäuschungen und Einsamkeit kennengelernt zu haben. All das muß nicht sein, wenn Sie beschließen, sich an die immense Kraft des Ihnen innewohnenden Geistes zu halten, mit dem Sie am universellen Geist Gottes teilhaben.

Gefühle erwachsen aus dem Denken. Folglich können Sie den Entschluß fassen, sich ein anderes, ein beglückendes Gefühlsleben aufzubauen. Was Gott für Sie will, offenbart sich in der Tendenz der großen Lebensprinzipien, die, wie Ralph W. Emerson herausstellte, jene der Harmonie, Freude, Liebe und Fülle sind.

Wenn Sie zu dieser Erkenntnis gelangen, haben Sie zugleich den Beschluß gefaßt, künftig zu glauben, daß alles Gottgegebene Ihnen gegeben ist. Deshalb soll ab diesem Augenblick die Quintessenz Ihres Denkens und Glaubens und Ihrer Erwartung des Guten von Gott ausgehen, der allem Leben und Atem gibt und die Quelle unerschöpflicher Segnungen ist. Mit anderen Worten: Ihr Geist und Ihr Herz werden jetzt und zu jeder Zeit Ihres künftigen Lebens offen sein für den Zustrom der Reichtümer Gottes.

Eine Meditationsanleitung, die Ihnen Frieden, Freude und Fülle sichert

»Ich weiß, daß dieser Augenblick das für mich Beste bedeutet. Zutiefst glaube ich im innersten Herzen, daß ich ein Leben in Harmonie, Freude und Fülle führen kann. Ich pflanze mir in meinem Inneren jetzt die Ideen Frieden, Freude, Wohlergehen ein. Ich weiß und glaube, daß diese Ideen wachsen, sich entwickeln und in meinem Leben sichtbar zur Geltung kommen werden.

Von diesem Augenblick an präge ich meinem Unterbewußtsein ganz bewußt Ideen des Friedens, der Freude und der Fülle ein. Diese Ideen werden gleich Samen herrliche Früchte tragen, denn ich weiß, daß jede Idee ein im Unterbewußtsein abgelegter Same ist, der im Dunkeln keimt und wächst und, genau wie ein aus dem Boden sprießender Samen, eines Tages in meinem Leben sichtbar werden wird, und meine Erfahrungen werden den von mir eingepflanzten Ideen entsprechen.

Die unendliche Weisheit Gottes leitet und lenkt mich. Und die Kraft Gottes ist mit meinen Gedanken an das Gute.«

ZUSAMMENFASSUNG

1. Der Schlüssel zu Gesundheit, Reichtum, Wohlergehen und Erfolg im Leben liegt für Sie in der jedermann gegebenen Fähigkeit, Entscheidungen zu treffen. Wählen Sie daher von innen heraus, im Bewußtsein des Göttlichen in Ihnen, und das, was ihm entspricht, das heißt Gesundheit, Freiheit und Freude.

2. Das Wahlvermögen ist Ihr unabdingbares Vorrecht; es befähigt Sie, sich jenseits aller äußeren Umstände und sogenannten Zwänge für das zu entscheiden, was Ihnen ein erfülltes Leben beschert.

3. Selbst ein Gewohnheitstrinker kann seine Sucht überwinden, wenn er sich überzeugt für Gesundheit und Freiheit entscheidet. Aufbauende Vorstellungsbilder und das Vertrauen auf Gottes Hilfe sind entscheidend wichtig.

4. Niemand kann Ihnen Ihre Entscheidungen abnehmen. Sie sind ein mit Willen und Entscheidungskraft begabtes Wesen – entscheiden Sie sich also! Halten Sie sich dabei an die Prinzipien, die dem Göttlichen in Ihnen entsprechen. Entscheiden Sie sich für Harmonie, Freude, Liebe, Gerechtigkeit und Fülle.

5. Wenn Sie nicht selbst wählen, lassen Sie zu, daß der »Geist der Masse« mit seinen irrationalen Ängsten und seiner Unwissenheit für Sie entscheidet. Da kein Mensch weiß, was das Beste für Sie ist, sollten Sie das Göttliche in Ihnen und die sich daraus ergebende Verantwortung akzeptieren, selbst zu wählen.

6. Ihr Leben stellt eine Gesamtsumme Ihrer getroffenen Entscheidungen dar. Sie wählen Ihren Ehepartner, Ihre Freunde, Ihren Beruf, Ihre Bücher, Ihren Arzt, Ihr Auto und all die Dinge Ihres täglichen Bedarfs. Entscheiden Sie deshalb weise, klug und konstruktiv: im Einklang mit dem Göttlichen in Ihnen und den Prinzipien, die sich nie verändern, die gestern genau so waren, wie sie es heute sind und morgen sein werden.

7. Gottes unendliche Weisheit kann für Sie nur durch Sie selbst wirksam werden: durch Ihre Gedanken, Ihre Vorstellungen, Ihre Überzeugungen und Ihre Entscheidungen. Gott ist allgegenwärtig und ist somit auch in Ihnen.

8. Gott ist deshalb Ihr eigentliches Leben. Andererseits sollten Sie sich klarmachen: Alles Gottgegebene ist Ihnen gegeben.

9. Die angegebene Meditationsanleitung hilft Ihnen, Frieden, Freude und Fülle in Ihr Leben zu bringen.

KAPITEL 12

Wie Sie die leise innere Stimme verstärken

Die innere Stimme, die zu Ihnen spricht, ist Ihre Intuition, eine Regung Ihres Unterbewußtseins. Ihr Unterbewußtsein steuert und kontrolliert alle lebenswichtigen Prozesse. Über Ihr Unterbewußtsein haben Sie aber auch Zugang zum unendlichen kosmischen Geist. Oder anders ausgedrückt: Sie haben an ihm Anteil. Gott – oder Geist von seinem Geiste – wohnt Ihnen inne. Das ist das Göttliche im Menschen.

Allerdings prägen Sie Ihrem Unterbewußtsein tagtäglich die Inhalte Ihres Denkens, Glaubens und Fühlens ein. Deshalb ist so entscheidend wichtig, was Sie denken, was Sie glauben, was Sie fühlen; denn wie Sie schon wissen, ist Ihr Unterbewußtsein bestrebt und ständig am Werk, die ihm eingeprägten Inhalte – über Ihr Handeln – in Ihrem Leben zu verwirklichen.

Doch ständig wirkt umgekehrt auch Ihr Unterbewußtsein auf Ihr Bewußtsein ein, und zwar vor allem in Form intuitiver Ahnungen und Eingebungen, die zu erkennen und zu beachten sehr wichtig ist. Am leichtesten werden Sie solcher Eingebungen gewahr, wenn Sie körperlich und geistig entspannt sind; dann ist die innere Stimme der Intuition deutlicher zu hören oder zu spüren.

Ihre Intuition rettete den Sohn

Meine Sekretärin Jean Wright erzählte mir vor einigen Jahren die nachfolgende Begebenheit: Ihre Mutter wollte ein verlängertes Wochenende dazu benutzen, ihren Bruder zu besuchen, den sie seit Jahren nicht mehr gesehen hatte. Am Morgen ihrer geplanten Abreise jedoch wurde sie von einer dunklen Ahnung erfaßt und verspürte den inneren Drang, zu Hause zu bleiben. Es war, als flüsterte ihr eine Stimme zu: »Fahre nicht.« Sie gehorchte der Stimme.

Einige Stunden später erlitt ihr Sohn am Badestrand einen schweren Unfall, bei dem er sich einen komplizierten Kieferbruch zuzog. Die Mutter konnte ihn noch rechtzeitig zu einem Chirurgen bringen, der ihn auch sofort operierte. Der Chirurg hatte übrigens gerade seine Praxis verlassen wollen, als der Anruf der Mutter ihn erreichte.

Dieses kleine Beispiel zeigt, daß das Hören auf die innere Stimme unter Umständen Menschenleben retten kann.

Woran man die Stimme der Intuition erkennt

Die beste Führung ist jenes innere Wissen, das Sie dank gezielter Anweisungen an Ihr Unterbewußtsein erlangen. Die Bewußtmachung dieses inneren Wissens ermöglicht Ihnen, Richtiges von Falschem zu unterscheiden.

Sprechen Sie daher häufig das folgende Gebet: »Die mir innewohnende unendliche Weisheit leitet mich in meinen Entscheidungen, in meinem Handeln. Ich werde die Hinweise und Warnungen, die ich von meinem höheren Selbst erhalte, sofort wahrnehmen und die innere Führung, die mir zuteil wird, bewußt erkennen. Ich weiß, daß mein Unterbewußtsein auf das reagiert, was ich ihm bewußt einpräge, und ich danke Gott für die Freude, die ein erhörtes Gebet beschert.«

Wenn Sie dieses Gebet regelmäßig sprechen und an dessen Inhalt zutiefst überzeugt glauben, so werden Sie die Stimme der Intuition erkennen können und nutzen lernen. Oft werden Ihnen intuitiv Lösungen zuteil werden, zu denen Sie bewußt nicht haben finden können. Oft erspart Ihnen eine Eingebung schwerwiegende Irrtümer, wochenlange Mühe und vielleicht endlose Umwege. Größte Errungenschaften unserer Zivilisation und Kultur sind, wie Wissenschaftler, Erfinder, Künstler, Schriftsteller und Ärzte bezeugt haben, aufgrund eines »plötzlichen Einfalls«, eines »Geistesblitzes«, einer »intuitiven Eingebung« entstanden.

Intuition – und was sie bedeutet

Intuition bedeutet das unmittelbare, von jeder bewußten Überlegung unabhängige Erfassen einer Wahrheit oder Tatsache und schlagartiges Erkennen derselben. Da sie viel umfassender zu sehen ist als die reine Verstandesfunktion, sollte der Verstand dazu dienen, solche Eingebungen anzunehmen und umzusetzen. Im übrigen werden Sie nicht selten feststellen, daß die Intuition Ihnen genau das Gegenteil von dem rät, was Ihnen der Verstand sagt.

Das Bewußtsein des Menschen überlegt, hinterfragt, analysiert. Die Intuition hingegen macht sich immer spontan geltend; sie leuchtet sozusagen wie ein Signalfeuer im Bewußtsein auf. Oft warnt sie uns vor einer geplanten Reise oder irgendeinem Vorhaben.

Wir sollten auf die leise Stimme innerer Weisheit horchen und sie beachten. Zwar spricht die innere Stimme nicht jederzeit zu uns, sie »meldet« sich jedoch immer, wenn es zu unserem Wohle nötig ist.

»Steig nicht in dieses Flugzeug!«

In Japan passierte vor noch nicht allzulanger Zeit ein verhängnisvolles Flugzeugunglück, bei dem alle Insassen der Maschine ums Leben kamen.

Kurz danach erhielt ich einen Brief von einem japanischen Studenten, der die japanische Ausgabe meines Buches *Die Macht Ihres Unterbewußtseins* gelesen hatte. Er berichtete, daß er eigentlich mit der abgestürzten Maschine habe fliegen wollen, daß er aber auf dem Weg zum Flugplatz eine innere Stimme gehört habe, die ganz klar zu ihm gesagt hatte: »Steig nicht in dieses Flugzeug!« Die Stimme war in Ton und Substanz so deutlich gewesen, daß es für den Studenten sofort klar war, auf sie zu hören und die Buchung rückgängig zu machen.

Einer so spontanen Entscheidung zum eigenen Besten ist nur ein Mensch fähig, der die Gesetze des Denkens und Glaubens kennt und auf seine innere Stimme hört.

Ein hartnäckiges Gefühl warnte sie

Eine sehr erfolgreiche Werbeleiterin bat mich um einen Rat. Sie sagte: »Ich habe ein großartiges Stellenangebot erhalten. Die Bezüge sind doppelt so hoch wie meine augenblicklichen, dazu kommen noch umfangreiche Sozialleistungen. Auch wird es sich oft ergeben, daß ich auf Firmenkosten ins Ausland werde reisen können. Das Angebot sieht in jeder Hinsicht hervorragend aus, und meine Freunde raten mir, diese einmalige Chance wahrzunehmen. Aber ich kann mich nicht entschließen, denn ein hartnäckiges Gefühl warnt mich vor dem Schritt.«

Ich empfahl ihr, diese intuitive Warnung auf jeden Fall zu beachten und in ihre Überlegungen miteinzubeziehen. Kurz darauf lehnte sie das Angebot zur Überraschung aller ab. Wenig später aber stellte sich heraus, daß das Unternehmen in einen Rechtsstreit mit der Regierung verwickelt war, und drei Monate später ging die Firma in Konkurs. Verstandesmäßig hatte die Frau zwar die Vorteile der angebotenen Stellung klar erkannt, intuitiv aber die nachteilige Situation und Entwicklung der Firma erfaßt. In intuitiven Eingebungen ist sehr oft ein präkognitives, also ein in die Zukunft weisendes Element enthalten, wie dies ja auch bei den in diesem Kapitel geschilderten Beispielen der Fall ist.

Es ist allerdings kein Zufall, daß sich diese Frau intuitiver Einsichten erfreuen kann. Gleich zu Anfang unseres Gesprächs hatte sie mir gesagt: »Ich habe mir angewöhnt, bei allen wichtigen persönlichen Entscheidungen zu beten. Irgend etwas in meinem Inneren teilt mir dann mit, was am besten für mich ist. Und bisher konnte ich mich auf diese ›Mitteilungen‹ immer verlassen.« Dieses »irgend etwas« ist, wie immer man es nennt, die innere Stimme.

Gott läßt keinen Menschen im Stich

Eine meiner Bekannten erhielt vor einiger Zeit eine Einladung zu einem Spätsommerfest, das in der ziemlich weit entfernten Stadt Fresno stattfinden sollte. Sie hätte das Wochenende und den »Tag der Arbeit«, der in den USA am ersten Septembermontag gefeiert wird, ohne weiteres bei ihren dort lebenden Verwandten verbringen können. Auch sagte ihre Cousine, die ihr die Einladung telephonisch übermittelte, eine andere Verwandte werde mit dem Wagen kommen und könne sie nach Fresno mitnehmen. Doch noch während die Cousine sprach, drängte sich meiner Bekannten der Eindruck auf, daheim bleiben zu müssen. Warum wußte sie nicht, aber sie hörte auf die innere Stimme und sagte ihrer Cousine, daß sie nicht kommen könne.

Die Frau, mit der sie hätte fahren sollen, fand bei einem Unfall kurz vor Fresno den Tod. Meine Bekannte, die natürlich meine Bücher gelesen hat, meditiert regelmäßig über die großen Wahrheiten, auf die es im Leben ankommt, und bittet, wenn sie etwas wissen muß, Gott um spirituellen Schutz und innere Führung. Und Gott läßt keinen Menschen im Stich.

Ein Bankdirektor bediente sich seiner Sachkenntnis – und seiner Intuition

Außergewöhnlicher Erfolg kennzeichnet das ganze Leben eines Bankdirektors, mit dem ich seit langem befreundet bin. Schon seit geraumer Zeit befaßt er sich intensiv mit der Vermögensanlage in in- und ausländische Goldaktien. So investiert er zu Zeiten hohe Summen für sich selbst und bestimmte Kunden seiner Bank in erfolgversprechende Aktien.

Dieser Mann, der wegen seiner Sachkenntnis und Umsicht in Bankkreisen im höchsten Ansehen steht, läßt sich oft von seiner inneren Stimme leiten. Er könne, sagte er mir einmal, wenn er deutlich höre: »Kaufen!«, kaum fehlgehen. Zahlreiche Kunden haben von seinen Eingebungen profitiert, manche ein Vermögen verdient.

Offensichtlich ist es ihm gelungen, seine intuitiven Fähigkeiten bewußt zu verstärken oder – anders gesagt – durch bewußte Zielanweisungen, die er an sein Unterbewußtsein richtet, seine außersinnliche Wahrnehmung zu aktivieren und in seiner – gemeinhin als hart und trocken bezeichneten – Berufstätigkeit erfolgreich einzusetzen.

Ein höchst ungewöhnliches Erlebnis

Vor einiger Zeit kam ich mit einem soignierten Mann ins Gespräch, der mir gestand, daß er nach dem Unfalltod seiner Frau und seiner drei Kinder in tiefe Depression und vollständig dem Alkohol verfallen war. Etwa einen Monat nach dem Unglück hatte er eines Nachts seine Armeepistole hervorgeholt, um seinem »aussichtslosen Leben« ein Ende zu bereiten. Plötzlich hatte er in sich aber eine gebieterische Stimme vernommen: »Nicht! Ein langes Leben wird dich entschädigen.« Erschüttert hatte er die Pistole gesenkt und sein Vorhaben aufgegeben.

Dieses Ereignis liegt über vierzig Jahre zurück. Der Mann ist heute ein wohlhabender Geschäftsmann, und seine gute gesundheitliche Konstitution läßt nicht erahnen, daß Verzweiflung und Alkohol sein Leben einmal akut bedroht hatten.

Es ist eine erwiesene Tatsache, daß bei unmittelbar drohender Gefahr die seelisch-geistige »Immunabwehr« eines Menschen äußerste Anstrengungen unternimmt, um ihn zu retten. Das Unterbewußtsein agiert und spricht in solchen Krisenlagen in einer Weise, auf die der betreffende Mensch, wenn er seelisch nicht völlig »taub« ist, reagiert. Darin macht sich das Göttliche im Menschen geltend, das immer darauf abzielt, den gefährdeten Menschen am Leben zu halten.

Denken Sie daran: Intuitive Warnungen oder Eingebungen sind immer auf die Erhaltung und Entfaltung des Lebens ausgerichtet und sollten unbedingt beachtet werden. Die innere Stimme, die Sie vor körperlichem, finanziellem und jedem anderen erdenklichen Schaden zu bewahren versucht, kommt Ihnen selbstverständlich nicht von übernatürlichen oder körperlosen Wesen zu, sondern aus den Tiefenschichten Ihres eigenen Unterbewußtseins, das alles weiß und alles sieht, weil es als das Göttliche in Ihrem Geist von seinem Geist ist.

Ein Gebet zur Erlangung innerer Ruhe

»Jesus sagte: ›*Gott ist Geist, und die ihn anbeten, müssen ihn im Geist und in der Wahrheit anbeten.*‹

Ich erkenne und weiß, daß Gott der in mir waltende Geist ist. Ich weiß, daß Gott das ist, was mich als Gesundheit, Harmonie und Frieden durchpulst. Das Gefühl des Vertrauens, das mich jetzt erfaßt, ist der Geist Gottes und das Wirken Gottes in mir.

Ich lebe in dem Vertrauen, daß mir das Gute, das Schöne und Wahre mein Leben lang zuteil werden; dieser Glaube an Gott und das Gute wirkt Wunder; er beseitigt alle Hindernisse.

Ich wende mich jetzt nach innen und vergesse die Außenwelt. Ich wende mich nach innen an das Eine, das Schöne, Gute und Wahre; hier wohne ich außerhalb von Zeit und Raum; hier lebe ich, hier bewege ich mich im Schutz des Allmächtigen. Ich bin frei von Angst, unabhängig von den Vorurteilen und vom äußeren Schein der Dingwelt. Ich fühle jetzt Gottes Gegenwart, und diese Gegenwart äußert sich in dem Gefühl, daß mein Gebet erhört worden ist.«

Zusammenfassung

1. Das Göttliche in Ihnen versucht Sie immer zu schützen und drängt Sie, auf intuitive Warnungen und Eingebungen zu achten. Wenn Sie sich entspannen und Ihr Bewußtsein aufnahmebereit ist, können Sie die Stimme der Intuition klar und deutlich hören.

2. Die innere Stimme äußert sich oft als eine Art Ahnung. Eine Mutter beachtete ihre Ahnung und konnte so ihrem Sohn nach dessen Unfall die dringend notwendige ärztliche Hilfe verschaffen.

3. Bekräftigen Sie zutiefst überzeugt, daß die Ihrem Unterbewußtsein innewohnende unendliche Weisheit Sie zu jeder Zeit führt und daß Sie die Eingebungen Ihres höheren Selbst sofort erkennen, und Ihnen werden die Schätze inneren Wissens und höherer Führung mit Sicherheit zuteil werden.

4. Intuition bedeutet unmittelbares Erfassen einer Wahrheit oder Tatsache, und zwar schlagartig und somit unabhängig von bewußten Überlegungen. Größte Errungenschaften unserer Zivilisation und Kultur sind aufgrund eines »Geistesblitzes« oder einer »plötzlichen Eingebung« zustande gekommen. Wissenschaftler und Erfinder, Künstler, Schriftsteller und Ärzte haben ihren eigenen Bezeugungen zufolge Großes geleistet, weil sie auf die Stimme ihrer Intuition hörten.

5. Ein japanischer Student wurde von seiner inneren Stimme davor gewarnt, in ein Flugzeug zu steigen. Er befolgte die Anweisung, und die Maschine stürzte ab. Der Student hat die Gesetze des Denkens und Glaubens begriffen und hört auf seine innere Stimme.

6. Geben Sie Ihrem Unterbewußtsein die Zielanweisung, Sie allezeit zu führen und Ihnen sofort alles mitzuteilen, was Sie zu Ihrem Schutz wissen müssen. Wenn Sie dann Ihre innere Stimme zum Beispiel sagen hören: »Geh nicht«, sollten Sie einer solchen Warnung Rechnung tragen.

7. Ihr Unterbewußtsein verfügt über die Fähigkeit der außersinnlichen Wahrnehmung und vermag daher auch künftige Entwicklungen zu erkennen, die dem Bewußtsein verborgen sind. Erfaßt Sie daher ein intuitives Gefühl, so sollten Sie sich danach richten.

8. Es ist eine erwiesene Tatsache, daß bei unmittelbar drohender Gefahr die seelisch-geistige »Immunabwehr« eines Menschen äußerste Anstrengungen unternimmt, um ihn zu retten. Denken Sie daran: Intuitive Warnungen oder Eingebungen sind immer auf Erhaltung und Entfaltung des Lebens ausgerichtet. Ihre innere Stimme bewahrt

Sie vor körperlichem, finanziellem und jedem anderen erdenklichen Schaden.

9. Das angegebene Meditationsgebet führt Sie zu innerer Ruhe, die notwendig ist, um die Stimme der Intuition wahrzunehmen.

KAPITEL 13

Wie Sie sich Selbstvertrauen aneignen

An dieser Stelle möchte ich noch einmal den amerikanischen Philosophen Ralph W. Emerson zitieren. In seinem Essay über das Selbstvertrauen schreibt er: »Vertraue dir: Jedes Herz gerät durch den Akkord der Silbersaiten des Vertrauens in Schwingung. Akzeptiere den Platz, den die göttliche Vorsehung für dich gefunden hat, akzeptiere die Gesellschaft deiner Zeitgenossen, den Zusammenhang aller Vorkommnisse in deinem Leben. Große Menschen taten dies immer. Sie überantworteten sich dem Vertrauenswürdigen, das in ihrem Herzen begründet war, das durch ihre Hände wirkte, das in ihrem ganzen Wesen vorherrschte.« Emerson sagt mit diesen Worten, daß jedem Menschen Gott innewohnt, daß jeder Mensch etwas in seinem Herzen hat, das absolut vertrauenswürdig ist, und daß ein jeder nur sein ganzes Wesen auf das Unendliche in seinem Inneren einzustimmen braucht, um die Wohltaten und Reichtümer des Lebens zu empfangen.

Und Emerson sagt auch, daß *Sie* das Leben sind, sichtbar gewordener göttlicher Geist, daß *Sie* ein Instrument sind, durch das sich das Leben äußert. Sie sind einmalig; es gibt auf der Welt niemanden, der genau so ist wie Sie. Ob es sich um Ihren Daumenabdruck oder um den Rhythmus Ihres Herzschlags handelt – dies und vieles mehr sind anders als bei irgendeinem anderen Menschen; ebenso Ihre Gedanken, Ihre Gefühle, Ihre Überzeugungen. Sie kamen mit bestimmten Fähigkeiten, Begabungen und ererbten Anlagen zur Welt. Und Sie sind hier auf Erden, um immer mehr von der Ihnen innewohnenden Gottesgegenwart sichtbar zu machen und die Freude eines erfüllten Lebens kennenzulernen. Sie sind von Natur aus ideal ausgerüstet, um Leben zum Ausdruck zu bringen, und zwar in einer einmaligen Weise, wie das niemand sonst auf der Welt vermag. Es geht um *Ihr* Leben. Stellen Sie sich vor, was Sie gern sein und tun möchten, und wünschen Sie sich die guten Dinge des Lebens. Alles das können Sie erreichen, denn Sie verfügen über Phantasie, Denkvermögen sowie die Kraft, zu wählen und zu handeln. Fühlen Sie sich von Leben durchpulst. Empfinden Sie es als Harmonie, Liebe, Freude, Gesundheit. Sehen Sie den Sinn Ihres Lebens in der Entdeckung des Schönen und Wahren, und Wohlergehen fällt Ihnen zu.

Die wahre Bedeutung des Selbstvertrauens

Vertrauen bedeutet innere Sicherheit, die man nur kraft Glaubens hat. Glauben ist eine Geisteshaltung, die auf dem Verständnis der Mechanismen des Seelisch-Geistigen beruht, das heißt auf dem bewußten Wissen, daß die Inhalte Ihres Denkens und Fühlens Ihr Leben gestalten, Ihr Schicksal bestimmen. Sie müssen von der Tatsache ausgehen, daß sich jede Vorstellung, die Sie bewußt akzeptieren und gefühlsmäßig als wahr empfinden, Ihrem Unterbewußtsein einprägt und dann über die gleichsam autonome Steuerung Ihres Handelns und Verhaltens durch das so geprägte Unterbewußtsein in Ihrem Leben zur Geltung kommen wird. Vergegenwärtigen Sie sich daher die Gegenwart und Kraft Gottes, des lebendigen, allmächtigen Geistes, in Ihrem Herzen.

Wenn Sie sich auf die göttliche Gegenwart in Ihrer Mitte einstimmen, dürfen Sie in dem tiefen Vertrauen und in der Überzeugung durchs Leben gehen, daß Sie dank der Gotteskraft, die Sie stärkt, buchstäblich alles vermögen. Sie werden feststellen, daß Sie Hindernisse oder Schwierigkeiten spielend überwinden und daß Sie die Herausforderungen, die das Leben mit sich bringt, glänzend meistern.

Ein Lehrer vermittelte seinen Schülern Selbstvertrauen

... Steht nicht geschrieben in eurem Gesetz: »Ich habe gesagt: Ihr seid Götter?« (Johannes 10, 34).

Ein in Las Vegas unterrichtender Lehrer erzählte mir, daß viele der Jungen in seiner Klasse scheu, schüchtern und unsicher waren und ganz offensichtlich Minderwertigkeitskomplexe hatten.

Um ihnen zu helfen, schrieb er an die Tafel: »Ich bin ein Kind des lebendigen Gottes. Gott liebt mich und sorgt für mich. Ich bin anders als andere, und Gott möchte durch mich etwas Besonderes bewirken. Gott wacht über mich und führt mich. Ich wachse an Stärke, Kraft und Weisheit.«

Die Jungen schrieben diese suggestive Bekräftigung ab, und der Lehrer trug ihnen auf, dieses Gebet jeden Abend vor dem Einschlafen fünf Minuten lang wiederholt zu sprechen. Er bat sie, an die innere Wahrheit dieser Bekräftigung zutiefst zu glauben und sie täglich zu sprechen, und versprach ihnen, so würden sie tatsächlich an Stärke, Kraft und Weisheit gewinnen: so würden sie gute Schüler werden, im College Erfolg haben und der Wohltaten des Lebens teilhaftig werden.

Für den Lehrer war es eine Freude zu sehen, wie die Jungen aufblühten, sich entfalteten und selbstsicherer wurden. Ihre positive Entwicklung wirkte sich überaus günstig auf die Beziehungen der Schüler zu den Eltern und auf die Leistungen in der Schule aus. Inzwischen haben die einst verklemmt wirkenden Jungen die High School abgeschlossen, und mehrere von ihnen haben ein Stipendium für ihr Studium erhalten. »Sie machen Fortschritte«, so erzählte mir kürzlich der Lehrer von seinen Schützlingen, »die ich selbst trotz all meiner Zuversicht nicht erwartet hatte.«

Diese Jungen haben ganz schlicht beten gelernt und dann in ihrem Leben erfahren, daß das absolut Vertrauenswürdige in ihren Herzen begründet ist und allezeit durch sie wirkt.

Ein Bankrotteur fand zu neuem Selbstvertrauen

Voll bitterer Selbstkritik berichtete mir ein Geschäftsmann, er habe Bankrott gemacht. Er fühlte sich deswegen minderwertig und machte sich heftige Vorwürfe. Ich erläuterte ihm, daß er Glauben und Vertrauen in die ihm innewohnende unendliche Weisheit Gottes haben solle, die keine Hindernisse kenne und ihm alles offenbaren könne, was er, um erfolgreich zu sein, wissen müsse. »Sie sind«, sagte ich ihm, »dazu geboren, im Leben zu triumphieren, weil die göttliche Weisheit, an der Sie teilhaben, nicht scheitern kann, weil es nichts gibt, das sich der Allmacht entgegenstellen und sie herausfordern oder behindern kann.«

Ich empfahl dem Mann ein spezielles Gebet, das ihm Vertrauen zu dem ihm innewohnenden Göttlichen einflößen sollte. Dieses Vertrauen ist sozusagen ansteckend: es bewirkt, daß man innere Sicherheit und Harmonie ausstrahlt und wie ein Magnet von allen Seiten Gutes anzieht.

Eine der Kostbarkeiten spiritueller Wahrheit in der Bibel findet sich im Römerbrief: ... *Ist Gott für uns, wer mag wider uns sein?* (Römer 8, 31).

Das ihm empfohlene Gebet wirkte für den Geschäftsmann »Wunder«. Jeden Morgen blickte er in den Spiegel und bekräftigte zutiefst überzeugt: »Ist Gott für mich, wer mag wider mich sein? Ich kann dank der Gotteskraft, die mich stärkt, alles tun und erreichen. Erfolg ist mir beschieden, Reichtümer sind mir beschieden. Ich danke für die göttlichen Segnungen in meinem Leben.«

Einige Wochen vergingen, dann lernte der Geschäftsmann eine Witwe kennen. Die beiden fühlten sich zueinander hingezogen; sie heirateten und sind sehr glücklich. Die Frau gab ihrem Mann das nötige Kapital für die Eröffnung eines neuen Geschäftes, in dem sie selbst als Buchhalterin mitarbeitet. Das Paar erfreut sich ausgezeichneter Umsätze.

Wer Selbstvertrauen hat, erstrebt das Beste

Das Lebensprinzip ist geistiger Natur. Dieses Göttliche in Ihnen versucht sich durch Sie auf immer höheren Ebenen auszudrücken. Erstreben Sie darum in Ihrem Leben das Beste und begnügen Sie sich nicht mit dem Zweitbesten. Konzentrieren Sie Ihr Denken, Glauben und Fühlen auf Ihren Beruf und seien Sie sich bewußt, daß Ihnen die Ihnen innewohnende unendliche Weisheit ständig neue, großartige schöpferische Ideen eingibt und Ihnen immense Möglichkeiten offenbart, sich selbst zu verwirklichen – zu Ihrem eigenen Wohlergehen wie auch dem Ihrer Mitmenschen.

Ralph W. Emerson sagt: »Niemand kann Sie um den höchsten Erfolg betrügen als nur Sie selbst.« Der dem deutschen Idealismus verpflichtete englische Schriftsteller, Historiker und Sozialpolitiker Thomas Carlyle erklärte: »Der Reichtum des Menschen besteht in der Summe all dessen, was er liebt und segnet, wovon wiederum er geliebt und gesegnet wird.«

Nicht das Schicksal verbaut Ihnen den Weg zu Erfolg oder Reichtum, auch nicht der Mangel an Geld, Empfehlungen oder Beziehungen. Sie selber sind sich im Wege. Und um das zu ändern, brauchen Sie lediglich Ihre Geisteshaltung ein für allemal zu ändern. Machen Sie es sich zur Gewohnheit zu denken: »Erfolg ist mir beschieden, Gottes Reichtum ist mir beschieden, Harmonie ist mir beschieden. Ich bin ein Kanal des Unendlichen.«

Der Inhalt Ihres Denkens und Glaubens ist schöpferisch: Sie werden zu dem, was Sie tagtäglich im innersten Herzen denken.

Wie die Vorstellungsbilder einer Witwe Wirklichkeit wurden

Voll Sorge kam eine Witwe und Mutter zweier Jungen zu mir. »Ich habe einfach zuwenig Geld«, klagte sie. »Mein Wochenlohn beträgt nur hundertzwanzig Dollar netto. Meine Buben haben keine ordentlichen Kleider und bekommen nicht die richtige Nahrung. Und ich bin einsam.«

Ich empfahl der etwa dreißigjährigen Frau die Anwendung einer einfachen, aber bewährten Suggestionsformel. »Stellen Sie sich jetzt vor, daß Sie eine erfolgreiche Frau sind. Sehen Sie vor Ihrem geistigen Auge ein schönes Haus mit einem Garten für Ihre Jungen. Sehen Sie die Buben dort spielen. Spüren Sie schöne Kleider auf Ihrem Leib. Spüren Sie einen Diamantring an Ihrem Finger und hören Sie einen Geistlichen sagen: ›Hiermit erkläre ich euch zu Mann und Frau.‹ Und hören Sie einen Beamten am Schalter Ihrer Bank sagen, er beglückwünsche Sie zu Ihrem neuen Kontostand. Wiederholen Sie diese bildhaften Vorstellungen immer wieder im Geiste.

Sie möchten gern heiraten, und das Gefühl, den Ring am Finger zu tragen, bedeutet für Sie, daß Sie bereits auf dem Weg zur Eheschließung mit einem seelisch-geistig wertvollen, für Sie idealen Mann sind. Das Hören der Formulierung ›Hiermit erkläre ich euch zu Mann und Frau‹ bedeutet, daß in Ihrem Geiste die Hochzeit bereits stattgefunden hat; und was Sie geistig bereits vollzogen haben, muß objektiv stattfinden, auch wenn noch so viele Hindernisse und Schwierigkeiten der Verwirklichung Ihres Vorstellungsbildes entgegenzustehen scheinen. Sagen Sie sich am Ende dieser Wunschvorstellungen: ›Ich bin glücklich, fröhlich und frei‹ und danken Sie dafür Gott.«

Die Frau beherzigte meinen Ratschlag. Jeden Abend stellte sie sich das Gute für sich selbst und für ihre Söhne vor und dankte in dieser glücklichen Stimmung Gott, von dem alles Gute kommt.

Als ich sie etwa sechs Monate später wiedersah, war sie verheiratet. »Der Mann ist«, sagte sie strahlend zu mir, »die vollkommene Erfüllung meiner Wünsche und Gebete.«

Machen Sie sich klar, daß das Gute auch in Ihrer Reichweite liegt. Alles, was Sie sich vorzustellen vermögen, wird sich, wenn Sie von der Erfüllung Ihres Wunsches tief überzeugt sind, in Ihrem Leben verwirklichen.

»In meinem Leben geschehen tatsächlich Wunder!«

Ein noch eher junger Mann, der mit Grundstücken handelte, sagte zu mir: »Die wirtschaftliche Lage ist schlecht; die ganze Zeit ist ungünstig, und die Geschäfte gehen miserabel.« Offensichtlich kreiste das Denken dieses Mannes um Mangel und Einschränkung. Natürlich verkaufte er bei einer solchen Erwartungshaltung nicht viel, zumal er noch unter einem Gefühl der Unzulänglichkeit litt und sehr schüchtern war.

Ich bat ihn, seine destruktive Einstellung sofort abzulegen und sich statt dessen nur Wünschenswertes vorzustellen und sich das tagsüber häufig zu suggerieren; so könne er die Wende zum Guten herbeiführen. Meine Sekretärin tippte die folgenden Bekräftigungen, die er sich mindestens zwölfmal am Tag still oder, noch besser, laut vorsagen sollte, auf eine Karte: »Ich habe vollkommenes Vertrauen zu Gottes Führung und Unterstützung. Ich ziehe jetzt für mich Käufer an, die Geld haben, die genau solche Grundstücke suchen, wie ich sie anbiete, und sich an deren Besitz freuen werden. Ich bin gesegnet, und sie sind gesegnet. Ich bin *stark in dem Herrn und in der Macht seiner Stärke* (Epheser 6, 10). Ich bin erfolgreich. Ich bin glücklich. Ich freue mich und danke für die Wunder, die mir geschehen.«

Der Mann trug die Karte ständig bei sich und vergegenwärtigte sich bei jeder Gelegenheit den suggestiven Inhalt seines vorweggenommenen Erfolges. Auf diese Weise baute er ein neues Selbstvertrauen auf und entwickelte seine Fähigkeiten als Verkäufer. Nach einem meiner öffentlichen Vorträge kam er zu mir und sagte: »In meinem Leben geschehen tatsächlich Wunder! Ich habe diese Woche hier in der Gegend Grundstücke im Wert von mehr als einer halben Million Dollar verkauft.«

Gottes Segnungen haben kein Ende. Öffnen Sie Ihren Geist und Ihr Herz dem Zustrom all der Reichtümer, die Sie ersehnen.

Selbstvertrauen ist Gottvertrauen – ein Gebet

»Jesus sagte: ›*Dein Glaube hat dich gesund gemacht.*‹ Das gilt in körperlicher wie auch seelisch-geistiger Hinsicht.

Ich glaube fest an die Heilkraft Gottes, an der ich geistig teilhabe. Die Inhalte meines Denkens, Glaubens und Fühlens stimmen harmonisch miteinander überein. Ich akzeptiere innerlich die Wahrheit der Aussagen, die ich mit Nachdruck bekräftige.

Ich verfüge jetzt, daß die Heilkraft Gottes meinen ganzen Körper verwandelt, mich heilt, stärkt und freimacht. Ich glaube aus tiefer innerer Überzeugung, daß mein Glaubensgebet jetzt erhört wird. Ich bin gesund, stark und frei. Gott führt mich. Gott liebt mich. Göttliche Liebe durchströmt meinen Geist, mein Gemüt, meinen Körper. Sie verwandelt, heilt und stärkt jedes Atom meines Wesens. Ich empfinde einen Frieden, der meinem Gottvertrauen erwächst und jedes Verständnis übersteigt.«

Zusammenfassung

1. Ralph W. Emerson schreibt, man solle sich selbst vertrauen: »Jedes Herz gerät durch den Akkord der Silbersaiten des Vertrauens in Schwingung.« Nehmen Sie mit dem Göttlichen in Ihnen Verbindung auf und erkennen Sie, daß mit Gott alles möglich ist. Setzen Sie absolutes Vertrauen auf das Vertrauenswürdige, das Sie in sich haben. Sehen Sie das Göttliche in jedem Menschen.

2. Sie sind einmalig. Es gibt niemanden auf Erden, der genau so ist wie Sie. Sie haben bestimmte Fähigkeiten, Gaben, Talente. Doch Sie sind von Natur aus ideal ausgerüstet, um in Ihrer einmaligen Weise zu echter Selbstverwirklichung zu finden.

3. Erzieher und Lehrer sollten unsichere, schüchterne Schüler lehren, daß sie Kinder Gottes sind, daß Gott sie liebt und sie führt. Auf diese Weise werden die Kinder Selbstvertrauen und Selbstsicherheit gewinnen.

4. Eine fast magische Formel für den Aufbau von Selbstvertrauen besteht darin, jeden Morgen in den Spiegel zu schauen und im Bewußtsein des Göttlichen im Menschen etwa fünf Minuten lang zu bekräftigen: »Ist Gott für mich, wer mag wider mich sein? Ich kann dank der Gotteskraft, die mich stärkt, alles tun und erreichen.« Machen Sie sich dies zur Gewohnheit, dann werden Sie voll Selbstvertrauen und voll Glauben an das Gute verwirklichen, was Sie vom Leben erwarten.

5. Erstreben Sie das Beste, und Ihnen wird das Beste zuteil. »Niemand kann Sie um den höchsten Erfolg betrügen als nur Sie selbst«, sagt Ralph W. Emerson, und das stimmt: Sie sind ein Kanal des unendlichen Geistes, und das Unendliche kann nicht scheitern.

6. Sie müssen Ihren Glauben an Gott und alle guten Dinge sichtbar demonstrieren, zu Hause, in Ihrem Beruf, Ihren Beziehungen zu anderen Menschen und in jeder Hinsicht. Glaube ohne Sichtbarmachung ist tot. Glauben Sie an die schöpferische Kraft Ihres Geistes, der am unendlichen Geist kosmischer Dimension teilhat.

7. Stellen Sie sich vor, daß Sie jetzt erfolgreich, wohlhabend und glücklich sind. Empfinden Sie den vorgestellten Zustand als erlebte Wirklichkeit, dann wird sich Ihr Vorstellungsbild ungeachtet scheinbarer Schwierigkeiten und Hindernisse verwirklichen. So findet auch eine Witwe einen neuen Mann.

8. Wollen Sie Grundstücke oder was immer verkaufen, sollten Sie sich bewußtmachen, daß alles, was Sie suchen, auch Sie sucht. Suggerieren Sie sich, daß Sie die Käufer anziehen, die das nötige Geld haben und

sich genau das wünschen, was Sie anbieten können, und daß – das ist wichtig – Ihre Kunden mit dem Abschluß glücklich sein werden. Mit einer solchen Erwartungshaltung werden Ihnen ungeahnte Erfolge beschieden sein.

9. Die angegebene Meditationsübung verhilft Ihnen zu tiefem innerem Frieden, der Ihrem Gottvertrauen erwächst. Und Gottvertrauen ist Selbstvertrauen.

KAPITEL 14

Wie Sie zu beglückender Liebe finden

Liebe ist zunächst einmal eine Geistes- und Gefühlshaltung. Sie geht immer von Ihrem Inneren aus. Sie ist Engagement, Ausstrahlung und beglückende Aktion. Das gilt für die Liebe zu Menschen wie auch einer Sache oder Tätigkeit. Sie können die Musik lieben, die Kunst, die Wissenschaft, ein großes Vorhaben, ein Unternehmen und vieles andere mehr. Liebe ist eine Gefühlsbindung an Ihr Ideal, Ihren Partner, Ihre Sache, Ihren Plan, Ihren Beruf.

Albert Einstein verschrieb sich der Physik, und sie enthüllte ihm mehr Geheimnisse als irgendeinem anderen Wissenschaftler. So wirkt die Liebe. Wer viel gibt, erhält viel. Wie sehr engagieren Sie sich für das, was Sie sich wünschen? Wie sehr engagieren Sie sich für die Sache, in der Sie Erfolg haben wollen? Wie sehr für Ihren Beruf, Ihr Ideal, Ihren Partner? Wünschen Sie sich, geliebt zu werden? Sind Sie aufgeschlossen und aufnahmebereit? Sind Sie selbst der Liebe voll – Ihrem Partner, sich selbst und den Mitmenschen gegenüber?

Seien Sie sich darüber im klaren, daß Sie auf die Welt kamen, um erfolgreich und glücklich zu sein, um zu lieben und geliebt zu werden – so wahr, wie Gott die Liebe ist. Legen Sie Haß und Angst, Neid und Eifersucht und auch alle unrichtigen Vorstellungen, die Sie vielleicht von Gott und dem Göttlichen haben, ein für allemal ab und treten Sie frei und offen in die Freude eines reichen, erfüllten Lebens ein.

Ein Schauspieler lernte, sich selbst mehr zu lieben

Vor mehreren Monaten kam ein Schauspieler angsterfüllt zu mir: »Ich fürchte, ich werde versagen. Ich werde auf der Bühne zusammenklappen. Ich werde alles falsch machen.« Seine lebhafte Phantasie schien ausschließlich um mögliche Fehlschläge zu kreisen. Ich erklärte ihm, daß alles, was er befürchte, nur von ihm abhänge, daß nur er der Herr seiner Gedanken, Vorstellungen, Überzeugungen und Gefühle sei und daß er deshalb auch die Macht habe, daß Beste zu erwarten und zu leisten. Dann sagte ich ihm, er solle vor allem einmal lernen, sich selbst mehr zu lieben.

Ich schrieb ihm ein entsprechendes Gebet auf: »Von jetzt an gehört meine Liebe und Treue meinem höheren Selbst. Ich weiß: Liebe zu meinem höheren Selbst bedeutet, daß ich das mir innewohnende Göttliche erkenne und achte. Liebe zu Gott bedeutet, daß ich Menschen, Lebensumständen oder Ereignissen keinerlei Macht über mich zugestehe. Ich weiß, daß ich durch die Gotteskraft, die mich stärkt, alles tun und erreichen kann.

Ich stelle mir jetzt vor, wie ich meine Rolle für ein verständiges Publikum spiele. Ich bin von dem Stück fasziniert und gehe in meiner Rolle auf; und ich höre, daß mir liebe Menschen zu meiner Darbietung gratulieren. Es ist wunderbar.«

Der Schauspieler sprach das Gebet mehrmals täglich. Er glaubte zutiefst an das neue Bild seiner selbst. Jedwede Angst verschwand, Liebe treibt die Furcht aus. Die Liebe, die er ausstrahlte, war seine Bindung an das neue Ideal seiner selbst, und so fiel es ihm leicht, an eine glänzende schauspielerische Leistung seinerseits zu glauben. Dieser Schauspieler ist heute ein gesuchter und hervorragend bezahlter Mann, der Gott in seiner Mitte preist.

Furcht ist nicht in der Liebe, sondern die völlige Liebe treibt die Furcht aus... (1. Johannes 4, 18).

Ein Arzt setzte die Liebe über sein Recht

Ein Arzt erzählte mir unlängst von einer Patientin, die er schon jahrelang behandelt hatte. Im Laufe der Zeit waren Kosten von mehr als dreitausend Dollar angefallen, die er ihr in Rechnung gestellt hatte, die sie jedoch nicht bezahlte. Der Arzt war nachsichtig mit der Frau; als er aber hörte, daß sie eine große Erbschaft gemacht hatte, ersuchte er sie um Bezahlung seines

Honorars. Sie reagierte bitter, ja sarkastisch; sie kam in seiner Praxis angestürmt und behauptete, er habe ihr falsche Medikamente verordnet, seine Behandlungen hätten nichts geholfen und dergleichen mehr. Der Arzt sagte mir, er habe sie schimpfen lassen und sei aus dem Ordinationsraum gegangen.

Er beschloß, die Rechnungen nicht einzutreiben. Um aber keine Animosität in ihm aufkommen zu lassen, schloß er die Frau in seine allmorgendlichen und allabendlichen Meditationen ein. Er sagte sich, sie sei ein Kind Gottes wie jeder Mensch und werde ihren Irrtum schon einsehen. Dabei stellte er sich vor, sie komme zu ihm und sage: »Hier ist der Scheck. Ich bin Ihnen dankbar, Gott segne Sie.«

Ein paar Tage später geschah etwas Erstaunliches. Die Frau erschien in seiner Praxis, bat ihn um Entschuldigung für ihr unbeherrschtes Benehmen und übergab ihm fünftausend Dollar – statt der dreitausend, die sie ihm schuldete.

Dieser Arzt weiß, was unter liebevollem Wohlwollen zu verstehen ist. Beachten Sie, daß er der Frau keinerlei Vorwürfe machte und sie mit keinem Wort kritisierte; er sah sie vielmehr als Kind Gottes, und sie fand zu dem diesem Bild entsprechenden Tun.

»Liebe ist des Gesetzes Erfüllung«

Liebe ist ein Ausgreifen des Herzens, ist Freundlichkeit und echtes Wohlwollen gegenüber einem Partner und gegenüber allen Menschen. Lassen wir einmal die Partnerliebe beiseite. Wenn Sie in einem Büro oder einer Fabrik arbeiten, sollten Sie – und das ist nicht immer ganz einfach – allen Menschen Ihrer Umgebung Gesundheit, Glück, Frieden, Beförderung, Wohlstand und alle erdenklichen Annehmlichkeiten des Lebens wünschen. Indem Sie gegenüber den anderen Freundlichkeit ausstrahlen und ihnen Erfolg und Wohlergehen wünschen, segnen Sie sich selbst und fördern Ihr eigenes Gedeihen. Denken Sie daran: Was Sie anderen wünschen, das wünschen Sie sich selbst; und was Sie anderen vorenthalten, das enthalten Sie sich selbst vor.

Sie sind für sich selbst der einzige, der maßgebende Denker, und Ihr Denken ist schöpferisch. Deshalb ist es nur vernünftig und klug, bewußt Liebe auszustrahlen, für andere Freundlichkeit zu empfinden und ihnen alle Wohltaten des Lebens zu wünschen. Der Direktor einer großen Ladenkette erzählte mir unlängst, daß neunzig Prozent der Kündigungen in seinem Unternehmen nicht wegen Unfähigkeit, mangelnder Leistung oder irgendwelcher Verfehlungen erfolgen, sondern weil die Betroffenen einfach nicht mit ihren Mitarbeitern auskommen und unhöflich zu Kunden sind.

... So ist nun die Liebe des Gesetzes Erfüllung (Römer 13, 10). Die Liebe, von der hier die Rede ist, beschränkt sich natürlich nicht auf leidenschaftliche Gefühle und meint nicht das – romantische oder tragische – Verhältnis, wie das in Hollywoodfilmen vorkommt. Liebe ist eine bindende Kraft, die Menschen, Familien, ganze Völker, ja die Menschheit zusammenhält, dank der sich die ganze Welt und die Galaxien im Raum rhythmisch, harmonisch und friedlich durch Äonen bewegen. Liebe ist das tragende Fundament der Gesundheit, des Glücks und des Friedens, des Wohlergehens und des Lebenssinns aller Menschen. Ausfluß dieser Liebe sind Harmonie, Friedfertigkeit, Freundlichkeit, Freude, Ehrlichkeit und Fröhlichkeit.

Beginnen Sie damit, den Menschen in Ihrer Umgebung und allen, denen Sie begegnen, sämtliche Segnungen des Lebens zu wünschen. Erkennen Sie das Göttliche in jedem Menschen und grüßen Sie ihn so: »Die Reichtümer Gottes durchströmen dich und mich.« Sie werden erstaunt sein, wie Sie sich selbst in Ihrer Persönlichkeit entfalten und Ihr eigenes Wohlergehen vermehren.

Der heilende Balsam der Liebe

Dr. Harry Gaze, zu Lebzeiten ein international bekannter Geisteswissenschaftler, erzählte von einem Mann in London, der Tuberkulose hatte und zusehends schwächer wurde. Der behandelnde Arzt des Kranken, ein prominenter Vertreter der psychosomatischen Schule, fand heraus, daß sein Patient Bankiers, Makler und alle Leute, die mit Geld zu tun haben, haßte, weil er in früher Kindheit hatte miterleben müssen, wie seinem Vater wegen hoher Verschuldung bei der ortsansässigen Bank das Haus weggenommen worden war; der Knabe hatte aufgrund dieser Erfahrung ein tiefsitzendes Trauma davongetragen und einen tiefen Haß auf die Reichen entwickelt.

Sein Arzt, ein zweifellos spirituell hochstehender Mann, trug ihm auf, zur Londoner Börse zu fahren, sich in die Nähe des Eingangs zu stellen und eine Stunde lang für jeden vorbeigehenden Menschen stumm zu bekräftigen: »Gottes Liebe erfüllt deine Seele. Die Reichtümer Gottes sind dir jetzt beschieden.« Der Mann tat es, wenn auch anfangs nur zögernd; er wünschte bewußt allen Passanten Wohlergehen, Erfolg und Glück.

Vielfach kam das Gute zu ihm zurück. Wie Dr. Gaze berichtete, fand bei dem an Tuberkulose Erkrankten eine »wunderbare« Heilung statt. Untersuchungen des Sputums und alle anderen Befunde der Spezialisten ergaben, daß er völlig geheilt war. Der Genesene bekam einen Posten in einer angesehenen Bank, er war dort sehr erfolgreich und brachte es in kurzer Zeit zu Wohlstand und Reichtum.

Göttliche Liebe hatte sein Wesen verwandelt, ihn körperlich geheilt und sein ganzes Leben zum Guten gewendet.

Die Grundlage jeder echten Liebesbeziehung

Bemühen Sie sich, Ihr Verhältnis zu Ihrem Partner, ungeachtet Ihrer körperlichen Liebesbeziehung, auf der Grundlage Ihrer seelisch-geistigen Beziehung täglich zu verbessern. Bekräftigen Sie, daß Ihr Mann oder Ihre Frau von der Liebe Gottes beseelt wird und daß göttliche Liebe das ganze Wesen Ihres Partners durchdringt. Stellen Sie sich anschaulich vor, daß Ihr Ehepartner und Ihre Kinder vom Licht der Liebe Gottes umgeben sind, und sehen Sie in jeder Situation das Göttliche in ihnen.

Wenn Sie sich diese Einstellung aneignen und diese beglückende Wahrheit in Ihren Gebeten vergegenwärtigen, werden selbst Stürme und Belastungen Ihrer Liebe nichts anhaben können und die Beziehungen zu Ihren Lieben gottgefällig und gesegnet sein.

... wer in der Liebe bleibt, der bleibt in Gott und Gott in ihm (1. Johannes 4, 16).

Ein Gebet löste jahrelang angestaute Bitterkeit auf

Eine Frau suchte meinen Rat wegen eines Rechtsstreits, der sich bereits über fünf Jahre hinzog und sie sehr deprimierte. Sie sagte, der Richter in der ersten Instanz sei voreingenommen gewesen, ein Zeuge habe bewußt gelogen; die ganze Sache sei überhaupt unfair, und sie gehe jetzt in die Berufung.

Ich empfahl ihr, morgens und abends zu beten: »Alle, die in diesen Prozeß verwickelt sind, werden von der Liebe Gottes umschlossen. Göttliche Liebe und göttliche Harmonie werden in diesem Rechtsstreit obsiegen.« Dieses Gebet löste die angestaute Bitterkeit und Feindseligkeit im Unterbewußtsein der Frau auf.

Ihr noch immer hadernder Prozeßgegner starb eines Morgens auf dem Weg zum Gericht an einem Herzschlag. Seine Angehörigen regelten die Angelegenheit sofort außergerichtlich; sie waren offensichtlich froh, eine gütliche Einigung herbeiführen zu können. Und meine Bekannte war mit der Art der Beilegung dieses Rechtsstreites überaus zufrieden.

»Gott ist die Liebe ...«

Ein mit mir befreundeter Arzt erzählte mir unlängst, daß ihm einmal ein Patient, ein bedauernswerter Psychotiker, unversehens eine Pistole an die Schläfe gedrückt und gesagt hatte: »Gott trug mir auf, Sie zu erschießen.«

Der Arzt erwiderte ruhig: »Gott hat es sich anders überlegt, denn er hat mir heute früh enthüllt, was ich tun muß, um Sie zu heilen und zu einem erleuchteten Wesen zu machen. Gott wohnt Ihnen inne und mir auch. Gott kann sich nicht widersprechen. Gott ist die Liebe, und er wünscht, daß Sie jetzt heil und unversehrt sind.« Der Patient senkte die Pistole, der Arzt nahm sie ihm ab und brachte den Kranken zur Behandlung in eine Anstalt.

Dieser Arzt kennt die Gesetze des Denkens und Glaubens. Er wußte, daß seine Berufung auf die dem Patienten innewohnende Gottesgegenwart von dem Patienten angenommen würde. ... *die völlige Liebe treibt die Furcht aus* (1. Johannes 4, 18).

Liebe vereint und heilt

Ihre Angehörigen müssen das Gefühl haben, daß Sie sie lieben, daß Sie sie brauchen, schätzen und in jeder Hinsicht als wichtig empfinden.

Ein Mann eröffnete mir trotzig: »Ich habe eine Geliebte, weil sie mir das Gefühl gibt, daß ich ihr viel bedeute. Sie lobt meine Leistungen; sie sagt, ich sei großartig, ich sei gescheit, ich sei ein geistreicher Gesprächspartner, ich sei klug und ein As in meinem Beruf. Bei ihr fühle ich mich wie ein König.«

»Und was ist mit Ihrer Frau?« fragte ich. »Sie hat Ihnen vier Kinder geboren. Sie ist treu, aufopfernd, aufrichtig und eine wunderbare Mutter.«

»Das stimmt«, antwortete er, »aber zu Hause bin ich niemand. Ich werde nicht anerkannt. Sie nörgelt nur an mir herum.«

Ich erklärte ihm, daß viele Frauen zu Nörgeleien neigen, und zwar nur weil sie selbst Aufmerksamkeit, Anerkennung und Lob entbehren müssen. Außerdem spüre eine Frau unbewußt die Untreue ihres Mannes. Der Mann wollte keine Scheidung; darum ließ ich die beiden zusammen zu mir kommen.

Es war offensichtlich, daß dieses Paar noch immer in Liebe verbunden war; diese Liebe jedoch schlummerte und wurde nicht offen geäußert. Seit Jahren hatten sie einander ihre Liebe nicht gezeigt, nicht spüren lassen, jeder hatte den anderen einfach als selbstverständlich hingenommen.

Um ihre gefährdete Ehe zu retten, versprachen die beiden, gemeinsam zu beten. Ich empfahl dem Mann, jeden Abend den 91. Psalm zu sprechen, die Frau hingegen sollte jeden Morgen den 27. Psalm laut lesen.

Ich zitiere Ihnen nur die Anfänge dieser wunderbaren Bibelworte: *Wer unter dem Schirm des Höchsten sitzt und unter dem Schatten des Allmächtigen bleibt, der spricht zu dem Herrn: Meine Zuversicht und meine Burg, mein Gott, auf den ich hoffe* (Psalm 91, 1–2). Und: *Der Herr ist mein Licht und mein Heil ... der Herr ist meines Lebens Kraft* (Psalm 27, 1).

Darüber hinaus vereinbarten die beiden, dem anderen gegenüber systematisch Liebe und Harmonie auszustrahlen. Jeder versprach, täglich fünf Minuten lang für den anderen zu bekräftigen: »Gottes Liebe erfüllt deine Seele. Ich liebe dich.«

Seit meinem Schlichtungsgespräch sind ein paar Jahre vergangen. Die Liebe der beiden hat gehalten. Sie sind heute noch in Liebe vereint. Wahrlich, Liebe ist das Allheilmittel.

Ein Gebet, das Sie in der Liebe bestärkt

»Gottes Liebe durchströmt mich. Ich bin eingebettet in den Frieden Gottes. Alles ist gut. Göttliche Liebe umgibt mich und entfaltet sich in mir. Diese unendliche Liebe ist meinem Herzen eingraviert, ist meinem ganzen Innenleben eingeschrieben. Ich strahle Liebe aus. Ich strahle sie in Gedanken, Worten und Werken aus. Durch diese Liebe werden in mir die Eigenschaften Gottes geweckt. Liebe bedeutet Freude, Friede und Freiheit. Ich preise die Liebe.

Die Liebe bedeutet Freiheit, sie ist die Freiheit. Sie öffnet die Gefängnistore und schließt alle Kerker des Geistes auf. Die Liebe schenkt allen Bedrängten Freiheit. Gegenüber allen meinen Mitmenschen strahle ich Liebe aus, denn in einem jeden stellt sich die Liebe Gottes dar. Ich begegne meinen Mitmenschen als Gottes Kinder. Ich glaube und weiß, daß göttliche Liebe mich jetzt heilt. Ich bin von der Liebe geleitet. Die Liebe gestaltet mein Leben und meine Beziehungen zur Umwelt harmonisch und glücklich.«

Gott ist Liebe; und wer in der Liebe bleibt, der bleibt in Gott und Gott in ihm (1. Johannes 4, 16).

Zusammenfassung

1. Liebe ist Engagement, Ausstrahlung und beglückende Aktion. Liebe befreit und gibt, sie ist der agierende Geist Gottes. Und natürlich ist Liebe eine Gefühlsbindung an Ihr Ideal, Ihren Partner, Ihre Sache, Ihren Plan, Ihren Beruf. Sie sind da, um zu lieben und geliebt zu werden.

2. Lieben Sie an sich Ihr höheres Selbst, erkennen und achten Sie das Ihnen innewohnende Göttliche. Die Liebe, die Sie dann ausstrahlen, ist die Bindung an das neue Ideal Ihrer selbst. Liebe zu Ihrem Ideal treibt alle Furcht aus.

3. Ist jemand Ihnen gegenüber beleidigend oder weigert sich jemand, zu Recht bestehende Schulden zu begleichen, reagieren Sie nicht mit Kritik und Feindseligkeit. Sehen Sie in jedem Menschen ein Kind Gottes und seien Sie überzeugt, daß göttliche Liebe und göttliche Harmonie obsiegen. Eine harmonische Lösung wird sich finden.

4. Strahlen Sie gegenüber allen Menschen Wohlwollen und Freundlichkeit aus. Wünschen Sie ihnen Gesundheit, Glück, Frieden und alle Wohltaten des Lebens. Wenn Sie sich dies zur Gewohnheit machen, sorgen Sie für Ihr eigenes Wohlergehen. Bei neunzig Prozent der Menschen, die im Leben keinen Erfolg haben, liegt der Grund darin, daß sie nicht mit ihren Mitmenschen zurechtkommen.

5. Liebe ist, wie die Bibel sagt, die »Erfüllung des Gesetzes«. Liebe ist das tragende Fundament der Gesundheit, des Glücks und des Wohlergehens. Was Sie anderen wünschen, das wünschen Sie sich selbst.

6. Sind Sie in ein langwieriges, kompliziertes Gerichtsverfahren verwikkelt, sagen Sie sich, daß alle Beteiligten Kinder Gottes sind und daß es kraft göttlicher Harmonie und Liebe zu einer gütlichen Lösung kommen wird. Vergegenwärtigen Sie sich den glücklichen Ausgang, und die Lösung wird kommen.

7. Ehepartner sollten zur Erhaltung einer glücklichen Ehe stets das Göttliche im anderen sehen und preisen, dann wird im Laufe der Jahre immer größerer Segen über ihrer Verbindung liegen. Liebe vereint. Liebe heilt. Liebe stellt verletzte Seelen wieder her.

8. Machen Sie die angegebene Meditationsübung, und Ihr tägliches Leben wird dank der von Ihnen ausstrahlenden Freundlichkeit und Liebe in vieler Hinsicht reicher und glücklicher werden.

KAPITEL 15

Wie Sie zu Gesundheit, Freiheit und Frieden finden

Es gibt nur eine Heilkraft. Sie ist, wie Paracelsus sagte, in Ihnen. Sie ist aber auch im Tier, im Baum. Und sie ist allgegenwärtig. Der Mensch gab ihr viele Namen. Er bezeichnet sie als »Vorsehung« oder »Natur«, als »Leben« oder »Lebensprinzip«. Und es gibt auch Menschen, die die unendliche Heilgegenwart, wie gleichfalls einst Paracelsus, als »Gott« ansehen. Paracelsus hat recht. Über Renaissance- oder Barockbögen alter Apotheken steht heute noch in Stein eingemeißelt: »Der Arzt verbindet die Wunde, Gott heilt sie.«

Gottes wunderbare Heilkraft ist in Ihrem Inneren beheimatet. Sie heilt nicht nur körperliche, sondern auch seelisch-geistige Krankheiten; mehr noch: sie heilt auch eine ungesunde finanzielle Situation, ehelichen Zwist, Gefühlsverwirrung, Konflikte; sie heilt Schwierigkeiten jeder Art. Bestimmt erinnern Sie sich, daß in Ihrer Kindheit Schrammen, Schnittwunden, Blutergüsse, Prellungen und Kratzer heilten, in den meisten Fällen sogar ohne all die üblichen Hausmittel wie Jodtinktur, Wundbalsam, essigsaure Tonerde oder Zugsalbe. Wir sollten uns dieser – ganz offensichtlich universellen – göttlichen Heilkraft wieder bewußt werden und sie zu unserem Wohl einsetzen.

Wie seelische Verletzungen heilen

Die Verlobung einer jungen Frau – sie war Verkäuferin in einem Parfümeriegeschäft – mit einem ausgesprochen liebenswürdigen, achtbaren Mann stieß bei der Mutter der jungen Verliebten auf heftige Kritik, vor allem weil der Mann einem anderen Glauben angehörte. Die herrische Mutter versuchte die Verbindung mit allen Mitteln zu hintertreiben, obwohl ihre Tochter längst volljährig und von ihr finanziell unabhängig war. Sie ging sogar soweit, den jungen Mann offen zu beleidigen, ihn als »Ausländer« und »Heiden« zu beschimpfen und ihm ins Gesicht zu sagen, er tauge nicht für ihre Tochter. Sie wollte ihre Tochter gegen deren besseres Urteil zu einer anderen Entscheidung zwingen.

Die junge Frau verabscheute die Einmischung und Herrschsucht der Mutter, doch sie unterdrückte ihre Enttäuschung und die daraus resultierende Feindseligkeit. Schließlich erlitt sie einen Nervenzusammenbruch und wurde für mehrere Wochen in eine Klinik eingewiesen. Man setzte sie auf Beruhigungsmittel, doch sobald die Wirkung der Medikamente nachließ, brach der psychische Konflikt mit allen psychosomatischen Symptomen in doppelter Wucht wieder hervor.

Ich besuchte die Verkäuferin im Krankenhaus und erklärte ihr, sie müsse, da sie doch ein erwachsener Mensch sei, ihre Entscheidungen selbst treffen und dürfe sich von niemandem, auch nicht von der Mutter, beeinflussen lassen. »Die Liebe sieht weder den Glauben noch die Rasse, noch die Hautfarbe an«, sagte ich, »denn sie geht über das alles hinaus. In dem Augenblick, da Sie zu einem Entschluß kommen und den Mann Ihrer Träume heiraten, den Sie lieben, wird eine Heilung erfolgen.«

Ich riet dem jungen Mann, seine Braut zu besuchen, was er auch tat. Die beiden beschlossen, sofort zu heiraten, was immer die Mutter auch gesagt hatte oder sagen mochte.

Das Paar ließ sich trauen, und diese Entscheidung schenkte der jungen Frau ein Gefühl tiefen Seelenfriedens und beglückender Freiheit. Nach der Hochzeit rief sie ihre Mutter an und meldete ihr, daß sie geheiratet habe und auf dem Weg nach Europa sei. Die Mutter gab sich sehr ungehalten, doch die Tochter sagte ruhig: »Mutter, ich muß dir sagen: Du kommandierst mich nicht mehr und du kannst mich nicht mehr manipulieren. Auf Wiedersehen, Gott segne dich.«

Vor kurzem bekam ich eine Karte von der jungen Ehefrau. Sie lebt jetzt in Argentinien. Ihr Mann hat einen guten Posten in einem namhaften Unternehmen, die beiden sind sehr glücklich und genießen die Wohltaten und Freuden des Lebens.

Die Mutter aber hatte nach der Heirat ihrer Tochter ihrerseits bei mir Rat gesucht, sie hatte ihr Fehlverhalten eingesehen. Ich denke, ich trug einiges bei, daß sie eine völlig neue Haltung gewonnen hat. Inzwischen kam es zu einer schönen Wiederannäherung mit der Tochter, worüber ich mich sehr freue. Ich möchte aber diesen Fall nur schlicht kommentieren: Liebe bringt reichen Lohn.

Sie gab den Sohn frei – und wurde selbst frei

Eine betagte Dame bat mich um Hilfe, weil sie sich große Sorgen wegen ihres Sohnes machte. Sie sagte mir, ihr Sohn und seine Frau würden ständig streiten, die Kinder würden nicht richtig erzogen, und ihr Sohn befände sich in schlechter Gesellschaft, denn er »verkehre in Bars«. Auf meine Frage, wie alt ihr Sohn sei, antwortete sie: »Fünfundfünzig.«

Der Frau erklärte ich, daß sie sich nicht in die Eheprobleme ihres Sohnes einmischen dürfe und sofort aufhören soll, zu denken, ihr Sohn müsse tun, was sie wolle, müsse handeln, wie sie es wünsche, müsse glauben, was sie meine. Ich empfahl ihr, den Sohn innerlich freizugeben und in ihrem eigenen Gemüt Frieden und Ordnung zu schaffen.

Die alte Dame war tief beeindruckt. Ich schrieb ihr ein spezielles Gebet auf: »Ich überantworte meinen Sohn, seine Frau und beide Kinder vollkommen Gott. Ich gebe sie geistig und gefühlsmäßig frei und lasse sie ihren Weg gehen. Mein Sohn hat die Freiheit, sein Leben auf seine Weise zu führen. Er ist ein Sohn Gottes, und ich weiß, daß er Gottes Sohn ist, daß Gott ihn liebt und für ihn und seine Familie sorgt. Wenn ich an ihn, seine Frau oder die Enkel denke, werde ich sofort bekräftigen: ›Ich habe euch freigegeben. Gott sei mit euch. Ich bin jetzt frei, und ihr seid es ebenfalls.‹ Mein Leben erfüllt sich in Freiheit, Frieden und Harmonie.«

Die Frau machte es sich zur Gewohnheit, dieses Gebet zu sprechen, und fand einen inneren Frieden, wie sie ihn bisher nicht gekannt hatte. Sie erlebte an sich selbst eine einfache

Wahrheit: Wenn wir andere freigeben und sie der Führung Gottes anvertrauen, befreien wir auch uns selbst.

Sehen Sie gerade auch in Ihren Lieben das Göttliche, das jedem Menschen innewohnt. Versuchen Sie nicht, andere nach Ihrem Willen zurechtzubiegen oder ihnen Ihre eigenen Meinungen und Überzeugungen aufzuzwingen. Gestatten Sie den anderen, glücklich zu sein oder zerrissen, Erfolg zu haben oder zu scheitern. Falls jemand scheitert, kann dies für ihn sehr gut ein Wendepunkt sein, an dem er die ihm innewohnende Kraft entdeckt, die nie scheitert, weil sie göttlicher Natur ist.

Er lernte verzichten und echt lieben

Verzweifelt kam ein Geschäftsmann zu mir. Seine Frau hatte ihn nach zwanzigjähriger Ehe verlassen. Der Mann sagte, eines Abends habe er beim Nachhausekommen einen von seiner Frau hinterlassenen Zettel vorgefunden, auf dem stand, sie gehe weg und werde die Scheidung einreichen. Eine weitere Erklärung hatte seine Frau angeblich nicht gegeben, und er wußte nicht, wo sie war.

Der Mann stellte sich, wie aus seinen weiteren, mit der Überzeugung eines Fanatikers vorgebrachten Ausführungen hervorging, ganz offensichtlich vor, seine Frau aufgrund der von mir vertretenen Techniken des Denkens und Glaubens zu zwingen, zu ihm zurückzukehren. Ich machte ihm klar, daß jeder Versuch, jemanden geistig unter Druck zu setzen und ihn gegen seinen Willen zu beeinflussen, falsch und verwerflich ist. Überdies, so sagte ich, sollte er sich keine Frau wünschen, die ihn nicht haben wolle; er müsse ihr das Recht zugestehen, ihre Entscheidungen selbst zu treffen, und die göttliche Führung, die ein Mensch erhalte, sei auch eine Führung für den anderen. Die Behauptung, seine Frau sei ganz plötzlich ohne jeden Grund verschwunden, entsprach natürlich nicht der Wahrheit. Die Frau hatte zweifellos schon länger erwogen, sich von ihm zu trennen und ihr Leben anders zu gestalten. Im Geiste war sie längst schon fortgewesen. Sein »Verhängnis«, wie er ihren Weggang nannte, war nur der Vollzug einer vorher schon geistig vorweggenommenen Tatsache.

Ich schrieb dem Mann ein Gebet auf, das er regelmäßig sprechen sollte: »Ich überantworte meine Frau Gott. Ich weiß, daß Gottes unendliche Weisheit sie auf allen ihren Wegen führt und zu rechtem Tun anleitet. Was für sie rechtes Tun ist, bedeutet auch für mich rechtes Tun. Ich gebe sie frei, vollkommen frei. Zwischen uns herrschen Frieden und Verständnis. Ich wünsche ihr alles Gute.«

In Gesprächen, die ich mit dem Mann führte, fand ich bald heraus, daß er seiner Frau gegenüber sehr despotisch und intolerant und auch noch eifersüchtig gewesen war; beispielsweise hatte er ihre Aktivitäten streng auf den häuslichen Bereich beschränkt. Seine Frau hatte unter dieser mit den Jahren immer drückender gewordenen Bevormundung zweifellos sehr gelitten und ihn geistig und gefühlsmäßig bereits seit längerem verlassen. »Wenn aber Ihre Frau«, so erklärte ich ihm, »körperlich an einem Ort, nämlich an Ihrer Seite, in ihrer Vorstellung aber anderswo gewesen ist, dann ist klar, daß ein Mensch in dieser Lage des Zwiespalts eines Tages dorthin geht, wo er in seiner Vorstellung weilt. Für einen unterdrückten, unglücklichen Ehepartner kann der Ausweg nur sein, daß er krank wird, daß er sich mit jemand anderem einläßt oder sich seelisch-geistig verirrt. Unter diesen Möglichkeiten hat Ihre Frau sicher die beste gewählt!«

Ich machte es dem Mann nicht einfach, denn es war für sein weiteres Leben entscheidend wichtig, daß er im wesentlichen Punkt richtig sah. So sagte ich ihm ganz klar: »Liebe will nicht besitzen. Liebe kennt keine Eifersucht. Liebe beherrscht oder zwingt nicht. Wenn Sie einen Menschen echt lieben, wollen Sie, daß er glücklich, heiter und frei ist. Liebe beruht wesentlich auf Freiheit.«

Der Mann hörte sich meine Ausführungen aufmerksam an. Alles verstehen heißt alles verzeihen. Er versprach mir, täglich zu beten, wie ich es ihm empfohlen hatte. Einen Monat später meldete sich seine Frau aus Mexiko, wo sie die Scheidung eingereicht hatte. In einem freundlichen Brief nannte sie ihm die Gründe für ihr Weggehen, die mit dem vorstehend Gesagten übereinstimmten. Später heiratete sie. Aber auch ihr Mann fand bald nach der Scheidung eine neue Gefährtin und heiratete sie. Er ist heute ein völlig verwandelter Mensch.

Die Angstneurose verschwand, und er wurde heiter

Vor kurzem beriet ich einen Gebrauchtwarenhändler, dessen Arzt bei ihm eine »Angstneurose« diagnostiziert hatte. Der Mann war abgespannt, litt an Schlaflosigkeit und hatte Angst um sein Geld, um seine Kinder, vor der Zukunft und vor der, wie er sagte, »todsicher hereinbrechenden Totalinflation«.

Ich erklärte ihm, ein gewisses Maß an Spannung sei zwar gut und notwendig, doch was sein Arzt bei ihm festgestellt habe, sei zweifellos auf übermäßige Anspannung zurückzuführen. Ich empfahl ihm, mit seinem Arzt zusammenzuarbeiten und zugleich die rein medizinische Behandlung seiner Angstneurose durch eine Suggestionstherapie, die seine Geistes- und Gefühlshaltung ändern werde, zu unterstützen.

Zu diesem Zweck zog er sich drei- oder viermal am Tag an einen stillen Ort zurück und vergegenwärtigte sich das Folgende: »Meine Füße sind entspannt, meine Knöchel sind entspannt, meine Bauchmuskeln sind entspannt, mein Herz und meine Lunge sind entspannt, mein Rückgrat ist entspannt, mein Hals und meine Schultern sind entspannt, mein Gehirn ist entspannt, meine Augen sind entspannt, meine Arme und Hände sind entspannt. Mein ganzes Wesen ist entspannt, und ich fühle mich von Gottes Frieden durchströmt. Die unendliche Heilkraft des Allmächtigen belebt, heilt und stärkt mein ganzes Wesen. Diese Kraft befähigt mich auch, meine Ziele in göttlicher Fügung zu erreichen. Ich bin immer entspannt, gefaßt und heiter. Ich bin vollkommen ausgeglichen.

Ich glaube an Gott und das Gute des Lebens. Dank der Gotteskraft, die mich stärkt, vermag ich alles. Ich sitze unter dem Schutzschirm des Höchsten, und alle Gedanken, die ich habe, sind Gedanken der Harmonie, des Friedens und der Freundlichkeit. *Denn Gott hat uns gegeben den Geist nicht der Furcht, sondern der Kraft und der Liebe und der Zucht* (1. Timotheus 1, 7). Ich schlafe in Frieden ein und erwache in Freude.«

Diese Wahrheiten wiederholte er regelmäßig. Als er mich wieder besuchte, fiel mir sofort auf, daß er mit Vorliebe von »Heiterkeit« und »Ruhe« sprach; sie sind seine Lieblingswörter geworden. Seine Angsthaltung hat er überwunden. Er hat die

Wahrheit der Bibelworte an sich erfahren: *Und ob ich schon wanderte im finsteren Tal, fürchte ich kein Unglück; denn du bist bei mir ...* (Psalm 23, 4). *Denn er hat seinen Engeln befohlen über dir, daß sie dich behüten auf allen deinen Wegen* (Psalm 91, 11).

Wie in einem Schreibbüro Harmonie einkehrte

Im Anschluß an meine Vorträge in San Diego reservierte ich einen Tag für Beratungsgespräche im Royal Inn Hotel, von dem aus der Blick über den schönen Hafen mit den vielen Schiffen aus aller Herren Länder geht. Eines der interessantesten Gespräche führte ich mit einer begabten jungen Frau, die im sogenannten »Schreibbüro« eines großen Unternehmens arbeitete, dem außer ihr noch zwanzig andere Frauen und Mädchen angehörten.

Die meisten ihrer Kolleginnen waren auf die Firmenleitung schlecht zu sprechen; sie waren völlig unzufrieden. Mit solchen Reden füllten sie die Kaffeepausen aus, aber auch mit Auslassungen über ihre Ehemänner, ihre Krankheiten und all die Mißliebigkeiten des Alltags. Meine Besucherin versicherte mir, ihr mache die Arbeit Spaß, sie sei auch mit der Bezahlung zufrieden, und ihr Chef sei sehr freundlich, verständnisvoll und aufrichtig. Sie werde aber, sagte sie, von allen Seiten her ständig von einer Flut negativer Gedanken und Gefühle überschwemmt, so daß sie nach Büroschluß stets deprimiert und niedergeschlagen sei.

Auf meine Empfehlung hin schrieb sie die Namen ihrer zwanzig Kolleginnen auf und betete jeden Abend und jeden Morgen für sie: »Alle diese Frauen und Mädchen werden ihren richtigen Platz finden. Sie tun dann, was sie gerne tun, und sie gedeihen in jeder Hinsicht und sind glücklich. Höre ich von einer Kollegin etwas Negatives, bekräftige ich sofort: ›Gott liebt dich und sorgt für dich.‹ «

Im Laufe der folgenden Wochen kündigten mehrere Mädchen und wechselten in Stellungen über, die ihnen besser zusagten; einige heirateten; andere bekamen höher bezahlte Posten im gleichen Unternehmen; ein Mädchen heiratete einen Abteilungsleiter der Firma; und die junge Dame, die ich beraten hatte, wurde selbst Leiterin des Schreibbüros. Seither nun herrscht in ihrer Abteilung eine harmonische, für die Angestellten wie auch für die Arbeit vorteilhafte Atmosphäre.

Die junge Frau machte die Erfahrung, daß das Gute, das sie anderen zudachte, nicht nur zu deren Wohlergehen beitrug, sondern auch ihr selbst zugute kam.

Erst in der Freiheit wurde ihnen Frieden zuteil

Im Royal Inn Hotel in San Diego konsultierten mich unter anderen auch die reichlich fassungslose Eltern eines jungen Mädchens. Sie äußerten sich völlig ungehalten, ja entsetzt über ihre Tochter, die das College verlassen hatte und mit, wie der Vater sagte, »miserablen Hippies« nach Hawaii gegangen war. Anita hatte ihnen von der Insel Maui geschrieben, daß sie mit anderen Jungen am Strand schlafe und ihr dieses Leben gefalle. Die Eltern waren zutiefst erbost, und der Vater fauchte: »Keinen Cent kriegt sie mehr von mir!«

Meine Empfehlung an die Eltern lief darauf hinaus, die Tochter freizugeben; denn sie sei, sagte ich, einundzwanzig und müsse ihr eigenes Leben leben, ohne Diktat der Eltern. Ich erklärte ihnen, es sei moralisch, ethisch und geistig gesehen falsch, die Faulheit, Interesselosigkeit und Pflichtvergessenheit anderer Menschen zu unterstützen, weil diese sich so nur immer mehr auf ihre Mitmenschen verließen und unselbständig würden. Außerdem unterhöhle zu häufig und zu leicht gewährte finanzielle Hilfe dem Empfänger die Eigeninitiative und den Selbstantrieb.

Die Eltern beschlossen, ihre Tochter freizugeben, und das nachstehende Gebet, das ich ihnen aufschrieb, sollte ihnen und ihrer Tochter helfen: »Wir geben Anita Gott anheim. Sie ist ein Kind Gottes, Gott liebt sie und sorgt für sie. Gott führt sie, göttliches Recht und göttliche Ordnung beherrschen ihr ganzes Leben. Immer wenn wir an sie denken, werden wir uns sofort sagen: ›Gott schützt dich und sorgt für dich!‹ «

Sechs Wochen vergingen, ohne daß die Eltern von der Tochter hörten. Die Eltern beteten in dieser Zeit regelmäßig für sie, schickten ihr aber kein Geld. In der siebten Woche kam ein Brief von der Tochter; sie schrieb, daß sie abends in einem Hotel als

Bedienung arbeite und an der Universität Hawaii immatrikuliert habe, um ihren Abschluß zu machen. Sie entschuldigte sich wegen ihres Verhaltens und bat um Verzeihung, daß sie das College verlassen habe und so eigensinnig gewesen sei.

Die Eltern riefen mich an und sagten, sie würden Anita auf Hawaii besuchen. Wie sie mir später berichteten, gab es ein fröhliches Wiedersehen. Vater und Mutter erfuhren am eigenen Leib, welchen Segen es bringt, das Kind der Fürsorge Gottes zu überantworten. Seine Wege sind Wege des Heils und des Friedens.

Ein Gebet um Freiheit, Frieden und Harmonie

»›Siehe, ich will sie heilen und gesundmachen‹, sprach der Herr. Der mir innewohnende unendliche Geist verfügt über unbegrenzte Möglichkeiten. Ich weiß, daß bei Gott alle Dinge möglich sind. Dies weiß ich im innersten Herzen. Und ich werde jetzt aufgrund der Vergegenwärtigung des mir innewohnenden Göttlichen emporgehoben.

In mir findet jetzt die Heilung von Geist, Gemüt und Körper statt. Ich bin gesund. Ich bin frei. In mir herrschen Frieden und Harmonie. Ich stehe jetzt in Verbindung mit der Liebe, der immensen Heilkraft des Lebens. Ich bin frei und heiter.

Da ich in dem Glauben an diese meine vollkommene seelisch-geistige und körperliche Gesundheit lebe, wird sie Wirklichkeit. Ich erlebe sie tagtäglich in der beglückenden Erfahrung von Freiheit, Frieden und Harmonie.«

Zusammenfassung

1. Jedem Menschen wohnt unendliche Heilgegenwart inne. Sie heilt nicht nur körperliche Wunden und Krankheiten, sondern sie beseitigt auch alle seelischen Schrunden. Oft rühren seelische Verletzungen aus ehelichen und finanziellen Schwierigkeiten. Die unendliche Heilgegenwart löst alle Probleme. Sie schenkt uns Gesundheit, Freiheit, Frieden und Harmonie.

2. Eltern sollten sich in die Partnerwahl ihrer Kinder nicht einmischen, sondern die flügge gewordenen Jungen selbst entscheiden lassen. Sie sollten ihre Kinder einfach Gott anvertrauen. Liebe bringt reichen Lohn.

3. Es ist verfehlt zu verlangen, daß Ihr verheiratetes Kind in seinem Denken, Glauben und Handeln Ihren Vorstellungen entspricht. Geben Sie Ihr Kind frei und wünschen Sie ihm alle Wohltaten des Lebens. Bekräftigen Sie immer, sobald Sie an Ihr Kind und seine Familie denken: »Ich habe euch freigegeben. Gott sei auch mit euch.« So befreien Sie sich selbst und bewahren sich vor Leiden.

4. Wenn Ihr Ehepartner Sie verläßt, weil er nicht mehr mit Ihnen zusammenleben will oder sich in jemand anderen verliebt hat, ist das seine Entscheidung. Es wäre falsch von Ihnen, den Ehepartner zur Rückkehr zwingen zu wollen. Der verlassene Ehepartner sollte sich vielmehr bewußtmachen, daß Gottes unendliche Weisheit auch den verlorenen Partner führt, und ihn freigeben. Echte Liebe will nicht besitzen. Liebe befreit. Sie beruht wesentlich auf Freiheit.

5. Selbst eine ärztlich festgestellte Angstneurose kann durch zielführende Entspannungsübungen und die Vergegenwärtigung der unendlichen Heilkraft Gottes überwunden werden. Jede Heilung findet zuerst in Ihrem Geist statt. Bekräftigen Sie regelmäßig: »Ich bin ruhig, ich bin heiter.«

6. Reden Ihre Kolleginnen oder Kollegen an Ihrem Arbeitsplatz ständig abfällig oder nur von Problemen oder Schwierigkeiten, sollten Sie sie im Geiste freigeben und ihnen wünschen, daß Gott sie ihrer wahren Selbstverwirklichung zuführt. Anders ausgedrückt: Strahlen Sie gegenüber den Kollegen Frieden und Freundlichkeit aus. Sie werden feststellen, daß das Gute, das Sie anderen zudenken, auch Ihnen selbst zugute kommt.

7. Ist Ihr Kind volljährig, sollten Sie es freigeben und nach seinem Willen ziehen lassen. Bekräftigen Sie, daß Gott Ihr Kind führt, daß es in Gottes Obhut ist. Wenn Sie so beten, dann geschieht Ihnen nach Ihrem Glauben.

8. Machen Sie die angegebene Meditationsübung, und Sie erleben Gottes unendliche Heilgegenwart tagtäglich in der beglückenden Erfahrung von Gesundheit und Freiheit, innerem Frieden und seelisch-geistiger Harmonie.

KAPITEL 16

Was stille Einkehr zu bewirken vermag

Stärke und Kraft, Erfolg und Wohlergehen erwachsen aus heiterer Gelassenheit, aus dem inneren Frieden der Gemütsruhe, aus harmonischer seelisch-geistiger Ausgeglichenheit. Diese Ausgeglichenheit erlangen Sie nur, wenn Sie Ihr Denken und Glauben richtig steuern und kontrollieren. In der Bibel heißt es: *Des Menschen Herz erdenkt sich seinen Weg* ... (Sprüche 16, 9).

Ein Reeder entdeckte den psychologischen Wert aufbauender Bibelworte

Vor einigen Wochen nahm ich an einer fünftägigen Konferenz über religiöse Fragen teil, auf der ich einen Vortrag hielt zum Thema »Prinzipien, die sich nie ändern«. Im Laufe der Konferenz führte ich ein langes Gespräch mit einem überaus erfolgreichen Reeder und in den USA bekannten Multimillionär. Er erzählte mir, das Geheimnis seiner Gesundheit, seines Erfolges und Reichtums liege, wie er sich ausdrückte, in der »stillen Einkehr bei sich selbst« und in der »Beherrschung der Gefühle«.

Der Reeder trug eine Karte bei sich, auf der die folgenden großen Wahrheiten eingedruckt waren: »Der überlegene Mensch ist immer ruhig und gelassen« (Konfuzius). *Durch Stillesein und Hoffen würdet ihr stark sein* (Jesaja 30, 15). *Ein Geduldiger ist besser denn ein Kriegsheld, und der seines Mutes Herr ist, denn der Städte gewinnt* (Sprüche 16,32). *Denn der Herr, dein Gott, wird dich segnen in allem deinem Einkommen und in allen Werken deiner Hände; darum sollst du fröhlich sein* (5. Mose 16, 15). *Wo der Herr nicht das Haus baut, so arbeiten umsonst, die an ihm bauen* (Psalm 127, 1).

Wie mir der Mann sagte, versenkt er sich geistig jeden Morgen in diese Wahrheiten, indem er sie sich langsam und ruhig vorsagt und geradezu liebevoll wiederholt. So präge er, sagte er zu mir, den Inhalt dieser unvergänglichen Wahrheiten seinem Unterbewußtsein ein und dieses treibe ihn dann von selbst, Gesundheit, Vitalität und neue kreative Ideen zum Ausdruck zu bringen. Er ist Eigentümer von vier großen Schiffswerften und als solcher auch Berater der Regierung und reist um die ganze Welt.

Während er mir eine dieser Meditationskarten zeigte – die er übrigens bei jeder Gelegenheit verteilte – berichtete er von einem für ihn entscheidenden Erlebnis. Vor dreißig Jahren hatte ihn auf einem Schiff nach Europa ein ihm unbekannter Passagier auf den immensen psychologischen Wert bestimmter aufbauender Bibelworte hingewiesen; aus ihnen würden Gottes ewige Wahrheiten und die unser Leben gestaltenden Prinzipien sprechen. Seither wurde das »Buch der Bücher« seine bevorzugte Lektüre, die erwähnten Bibelworte wurden für ihn Leitsätze seines Lebens.

Der Schlüssel des Multimillionärs zum Erfolg und Reichtum war sein Wissen, daß er durch regelmäßige Versenkung in die Wahrheiten aufbauender Bibelworte die ihn ihm schlummernden Kräfte aktivierte und diese im Einklang mit dem unendlichen kosmischen Geist Gottes entfaltete.

Er verdankt stiller Einkehr die besten Ideen

Thomas Carlyle sagte: »Stille ist das Element, in dem Großes Gestalt annimmt.« Und Ralph W. Emerson sagte: »Laßt uns stille sein, damit wir das Flüstern Gottes hören.«

Der Inhaber eines Großversandhauses sagte mir, er verdanke seine besten geschäftlichen Entscheidungen der Tatsache, daß er jeden Morgen eine Viertelstunde lang still Einkehr halte. Er setze sich einfach in entspannter Haltung an seinen Schreibtisch, schließe die Augen und ziehe seine Aufmerksamkeit und seine Sinneswahrnehmungen bewußt von der Außenwelt ab. »Dann bitte ich um Gottes Führung während des kommenden Tages. Ich bitte, daß die göttliche Gegenwart die anstehenden Besprechungen leite, mir die rechten Worte eingebe und mich Entscheidungen treffen lasse, die gerecht und glückbringend sind und allen Mitarbeitern und Kunden zum Wohl gereichen.«

Dann verbringt er fünf Minuten mit, wie er sagte, »transzendentaler Meditation«. Er stellt sich einfach vor, daß Gottes Frieden sein ganzes Wesen durchströme. Oft fallen ihm schon während dieser meditativen Einkehr spontan Lösungen für aktuelle geschäftliche oder Personalprobleme ein, mit denen er und seine Mitarbeiter sich vergeblich herumgeschlagen haben.

Der Erfahrung dieses Mannes zufolge lösen sich auf diese Weise überhaupt alle Probleme, natürlich nicht immer sofort, aber mit Sicherheit früher oder später. Er ist jedoch auch der festen Überzeugung, daß er dieser ihm zum Bedürfnis gewordenen Gewohnheit stiller Einkehr seine besten Ideen verdankt, und manche seiner Ideen, versicherte er mir, seien ein kleines Vermögen wert gewesen.

Wie ich schon sagte: Selbstvertrauen ist Gottvertrauen. *... bei Gott sind alle Dinge möglich* (Matthäus 19, 26). *Seid stille und erkennet, daß ich Gott bin ...* (Psalm 46, 11).

Die Stille verschaffte ihr ein Bild und intuitives Wissen

Meine Vorträge beginne ich meist mit der Aufforderung, die Teilnehmer möchten in einer bewußten Schweigeminute sich innerlich sammeln; dabei möchten sie aber nicht ihren Schwierigkeiten und Konflikten nachsinnen, sondern sich vielmehr in positiver Erwartung für die Botschaften ihres höheren Selbst offenhalten. Da jeder Mensch über sein Unterbewußtsein am unendlichen Geist Gottes, des Inbegriffs allen Geistes, teilhabe, lägen in ihm schöpferische Ideen und glückbringende Lösungen bereit, die jederzeit auftauchen und ein ganzes Leben entscheidend verändern könnten.

An einem Samstagabend kam nach dem Vortrag eine Frau zu mir. Sie sei, so erklärte sie mir, Facharbeiterin in einer Fabrik für optische Geräte und habe sich anläßlich eines Schulungslehrganges in einen in einer anderen Stadt wohnenden Teilnehmer verliebt und ihn seit einem Jahr etwa allmonatlich getroffen. »Vor zwei Wochen nun sah ich plötzlich während der von Ihnen erbetenen inneren Sammlung vor meinem geistigen Auge eine Szene mit dem Mann, den ich heiraten wollte. Er war mit einer Frau und zwei Kindern zusammen. Intuitiv wußte ich, daß es seine Frau und seine Kinder waren. Ich hatte im Hinblick auf die zwischen uns abgesprochene Heirat meine Zweifel gehabt und gezögert. Jetzt hatte ich Antwort erhalten und wußte Bescheid. Als ich ihm dann am Telephon dieses mein Erlebnis innerer Erfahrung erzählte, gab er kleinlaut zu, daß er gar nicht geschieden war, und auch nicht daran denke, sich von seiner Frau und den Kindern zu trennen. Es tue ihm zwar leid wegen mir, aber er könne nichts anderes sagen.«

Die beiden trennten sich in Frieden. Sie gab ihm beim Abschied mein Buch *Die unendliche Quelle Ihrer Kraft* gleichsam zum Beweis, daß sie ihm wegen seiner Schwäche nichts nachtrage.

Die Heilung chronischer Schlaflosigkeit

Einer berufstätigen Frau, die jeden Abend zwei Schlaftabletten nahm, weil sie aufgrund ihrer Arbeit überfordert und furchtbar abgespannt war, empfahl ich, ihre Schlafstörungen mit der nachstehenden Suggestionsformel anzugehen, die zugleich – die Frau war überzeugte Katholikin und ging jeden Sonntag zur Messe – ein wunderbares Gebet sei.

»Meine Zehen sind entspannt, meine Knöchel sind entspannt, meine Füße sind entspannt, meine Beine sind entspannt, meine Bauchmuskeln sind entspannt, mein Herz und meine Lunge sind entspannt, meine Schultern sind entspannt, mein Hals ist entspannt, mein Gehirn ist entspannt, meine Augen sind entspannt, meine Gesichtsmuskeln sind entspannt. Mein Körper, mein ganzes Wesen sind entspannt. Ich spüre jetzt, wie mich Gottes Friedensstrom durchfließt und jedes Atom meines Seins durchpulst. Ich schlafe in Frieden ein und erwache in Freude.«

Die Frau vergegenwärtigte sich den als verwirklicht vorgestellten Zustand friedvollen Einschlafens und freudigen Erwachens jeden Abend, und zwar in dem Wissen, daß ihr Körper ihrem Denken und Glauben nicht ausweichen konnte. Ihr tiefes Gottvertrauen kam ihr dabei bestens zur Hilfe. Nach einer guten Woche schlief sie bereits besser ein, und bald verschwanden die Schlafstörungen ganz.

Die Frau hat die Bedeutung der großen biblischen Wahrheiten an sich erfahren: *So vertrage dich nun mit ihm, und habe Frieden; daraus wird dir viel Gutes kommen* (Hiob 22, 21). *Alle eure Sorge werfet auf ihn; denn er sorget für euch* (1, Petrus 5, 7).

Neid war die Ursache seines Magengeschwürs

Mark Aurel, der große römische Kaiser und feinsinnige Philosoph, sagte: »Eines Mannes Leben wird gefärbt von der Farbe seiner Phantasie.«

Das traf wahrhaftig auf einen Mann zu, der aus San Franzisko per Flugzeug anreiste, um sich von mir beraten zu lassen. Sein Arzt hatte bei ihm ein Magengeschwür festgestellt, ein typisch psychosomatisches Leiden, das meist aus chronischer Besorgtheit und übermäßiger Spannung resultiert, und nach drei Monaten ärztlicher Behandlung litt er mehr denn je unter den schmerzhaften Symptomen seines Ulkus. Der Mann war Verkaufsleiter eines großen Unternehmens und in seiner Berufstätigkeit sehr erfolgreich; der Generaldirektor und dessen Stellvertreter mochten ihn gern und schätzten ihn.

In dem Gespräch, das ich mit dem Mann führte, kam die tiefsitzende seelische Ursache seines körperlichen Zustandes ans Licht. Einer seiner ehemaligen Schulkameraden war Verkaufsleiter in einem Unternehmen gewesen, das zur Firma meines Besuchers in schärfstem Wettbewerb stand, und vor einem halben Jahr war er zum Generaldirektor aufgestiegen. Der Mann gab zu, daß er den Klassenkameraden um die Beförderung beneidete und mit ihm in seiner überhitzten Phantasie ständig konkurrierte. Zu mir sagte er: »Wissen Sie, dieser Kerl hat mich schon in der Schule und auf dem College stets um Haaresbreite geschlagen. Er hat mir sogar mein Mädchen ausgespannt und es geheiratet.«

Ich erklärte ihm, daß die einzige gefährliche Konkurrenz, mit der er im Leben rechnen müsse, in seinem Geist stattfinde, und zwar zwischen der Idee des Erfolges und der Idee des Scheiterns.

Von Natur aus sei er – wie jeder Mensch – zum Erfolg, nicht zum Scheitern geboren, nur müsse er sein ganzes Denken – Aufmerksamkeit, Vorstellung, Phantasie – auf Erfolg konzentrieren und von der Tatsache seines erfolgreichen Wirkens zutiefst überzeugt sein. »Die Gesetze des Denkens und Glaubens sind«, sagte ich ihm, »so zwingend wie die Gesetze der Physik. Ihr Unterbewußtsein wird annehmen, was Sie ihm einprägen, und diese – keine anderen – Inhalte werden in Ihrem Leben zur Geltung kommen.«

Auch wies ich darauf hin, daß er sich durch Neid und Eifersucht nur selbst ärmer mache, daß eine solche Geistes- und Gefühlshaltung verheerender sei als jede denkbare andere, ideell oder materiell, ungünstige Ausgangsposition. »Destruktives Denken, Minderwertigkeitsgefühle, Neid und Eifersucht zerstören unfehlbar und zwangsgesetzlich das Geistes- und Gefühlsleben eines Menschen und hindern ihn an der Entfaltung seiner Persönlichkeit.«

Der Verkaufsleiter begriff seine Fehleinstellung. Feierlich versprach er mir, die Vergangenheit sei für ihn tot und künftighin werde für ihn nur noch die Gegenwart zählen. Daher beschloß er, seinem ehemaligen Klassenkameraden, dessen scheinbar erfolgreicheres Leben in ihm Neid erweckt hatte, aufrichtig noch mehr Erfolg und Wohlergehen zu wünschen. Ich sagte ihm, er müsse – in seinem Interesse – diesen Wunsch konkret, nicht nur allgemein zum Ausdruck bringen und schrieb ihm auf seine Frage hin das folgende Gebet auf.

»Ich erkenne Gott als die Quelle meiner immerwährenden Versorgung an. Beförderung ist mir jetzt in göttlicher Fügung beschieden. Erfolg ist mir jetzt in göttlicher Fügung beschieden. Gottes Fülle strömt mir zu, und ich leiste dank göttlicher Führung jeden Tag immer noch Besseres. Ich weiß, ich glaube und freue mich darüber, daß Gott meinen ehemaligen Schulkameraden gedeihen läßt, und ich wünsche ihm aufrichtig alle Wohltaten des Lebens. Wenn er mir in den Sinn kommt, werde ich sofort bekräftigen: ›Gott vervielfacht das Gute für dich.‹«

Einige Wochen später rief er mich an. Aufgrund seiner neuen Geistes- und Gefühlseinstellung sei er, versicherte er mir, seiner übermäßigen Spannung vollkommen Herr geworden; sein Magengeschwür sei abgeheilt. Das war vor ein paar Monaten.

Vor kurzem nun wurde er stellvertretender Generaldirektor, er ist zweifellos auf dem Weg nach oben. In der Bibel heißt es: *Wirst du dich bekehren zu dem Allmächtigen, so wirst du aufgebaut werden* (Hiob 22, 23).

Indem wir genau den Menschen Wohlwollen entgegenbringen und Gutes wünschen, deren Erfolg und Reichtum uns neidisch und eifersüchtig machen könnten, und indem wir ihnen wünschen, daß sie sogar noch erfolgreicher sein sollen, heilen wir uns selbst geistig, seelisch und – wie dieses Beispiel zeigt – so oft auch in körperlicher Hinsicht. Generosität – von Kopf und Herz – bringt uns selbst voran.

Ein Medizinstudent überwand seine Prüfungsangst

»Ich werde Tag und Nacht von einer unbestimmten, vagen Angst verfolgt«, eröffnete mir ein Medizinstudent des achten Semesters, »von der Angst, zu versagen und die Zukunft nicht zu meistern.« Er erzählte, daß einmal in einer Prüfung sein ganzes Wissen wie weggewischt war und er selbst die einfachsten Fragen kaum beantworten konnte. Die Schwierigkeiten dieses jungen Mannes rührten von seiner grundsätzlich ängstlichen, von Zweifeln und mangelndem Selbstvertrauen geprägten Geisteshaltung her. So hatte er auch Angst vor allen mündlichen und schriftlichen Prüfungen und geriet regelmäßig in solche Panik, daß bei ihm eine Art geistige Blockierung eintrat.

Dem Studenten riet ich, jeden Abend eine Art stiller Einkehr bei sich selbst zu halten. Er solle vor dem Einschlafen langsam und ruhig bekräftigen: »Ich bin entspannt und ruhig. Ich bin von tiefem innerem Frieden erfüllt und heiter. Ich habe ein vollkommenes Gedächtnis für alles, was ich in irgendeinem Augenblick der Zeit und an irgendeinem Punkt des Raumes wissen muß. Bei meinen Studien werde ich göttlich geführt, und bei meinen Prüfungen bin ich völlig entspannt. Ich bestehe meine Examen in göttlicher Fügung.«

Diese Suggestionen, so erklärte ich ihm, würden in sein Unterbewußtsein sinken und Teil seines Wesens werden. Er werde in künftigen mündlichen oder schriftlichen Prüfungen ganz selbstverständlich die seinem Wissen entsprechende Leistung erbringen.

Der Student von damals ist heute längst als praktischer Arzt tätig. Es ist sicher kein Zufall, daß er – der heute noch neben seiner Arztpraxis psychologische Studien betreibt – ein überzeugter Verfechter der psychosomatischen Schule der Medizin ist und gerne das Bibelwort zitiert: *Durch Stillesein und Hoffen würdet ihr stark sein* (Jesaja 30, 15).

Ein Gebet zur stillen Einkehr

Sprechen Sie, wenn Sie stille Einkehr halten, möglichst oft das nachfolgende Gebet, und viele Ihrer Herzenswünsche werden sich, bisweilen auf höchst überraschende Weise, erfüllen.

»*›Die gepflanzt sind in dem Hause des Herrn, werden in den Vorhöfen unseres Gottes grünen.‹* Ich bin entspannt und ruhig, und in mir herrscht Frieden. Mein Verstand und mein Herz werden von der von innigem Gefühl erfüllten Idee des Guten, Schönen und Wahren bewegt. Mein Denken richtet sich jetzt auf die Gottesgegenwart in meinem Inneren; dies beruhigt mein Gemüt vollkommen.

Ich weiß, daß ich ein Kind des lebendigen Gottes bin, Geist von seinem Geiste, und daher in gleicher Weise schöpferisch wie Gott, der durch mein Inneres lebt und wirkt. Ich weiß, daß ich im Einklang mit Gottes Allgegenwart das Gute für mich und meine Mitmenschen verwirklichen kann.

Ich bin jetzt ganz still und ruhig. Ich ziehe meine Aufmerksamkeit von allen Äußerlichkeiten ab. Ich erquicke mich im Hause Gottes in meinem Inneren. Ich fühle mich durchpulst von Gesundheit, Frieden und Harmonie. In mir herrscht Frieden wie in einem Tempel des lebendigen Gottes. *›Der Herr ist in seinem heiligen Tempel. Es sei vor ihm still alle Welt!‹«*

ZUSAMMENFASSUNG

1. Der Schlüssel zu Gesundheit, Erfolg und Wohlergehen liegt in seelisch-geistiger Ausgeglichenheit. Innere Harmonie aber erlangen Sie nur, wenn Sie Ihr Denken und Glauben richtig steuern. *Des Menschen Herz erdenkt sich seinen Weg* (Sprüche 16, 9).

2. Halten Sie sich wie der erwähnte Reeder an bestimmte aufbauende Bibelworte, die Ihnen Gottes Allgegenwart und das Göttliche in Ihnen bewußtmachen. Vergegenwärtigen Sie sich diese unveränderlichen Wahrheiten in stiller Einkehr. *Seid stille und erkennet, daß ich Gott bin . . .* (Psalm 46, 11).

3. Stellen Sie sich möglichst oft körperlich und geistig ruhig und verbringen Sie ein paar Minuten innerer Sammlung. Sie werden erfahren, daß gerade dann Ihr Unterbewußtsein Ihnen Botschaften bewußtmacht, die unter Umständen Ihr ganzes Leben verändern. So erfuhr die erwähnte Frau, daß der Mann, den sie heiraten wollte, verheiratet war und zwei Kinder hatte.

4. Leiden Sie an Schlaflosigkeit, sollten Sie mit Ihrem Körper »sprechen« und ihm auftragen, sich zu entspannen, locker zu werden. Mit Hilfe der angegebenen Suggestionsformel wird das gelingen. Bekräftigen Sie dann langsam und ruhig: »Ich schlafe in Frieden ein und erwache in Freude, denn Gott sorgt für mich.«

5. Übermäßige Spannung oder auch Angst können Sie abbauen, indem Sie drei- oder viermal am Tag spirituelle Wahrheiten bekräftigen wie: *Wer festen Herzens ist, dem bewahrst du Frieden; denn man verläßt sich auf dich* (Jesaja 26, 3). *Durch Stillesein und Hoffen würdet ihr stark sein . . .* (Jesaja 30, 15). *Alle eure Sorge werfet auf ihn; denn er sorget für euch* (1. Petrus 5, 7). Wenn Sie sich diese Wahrheiten vergegenwärtigen, werden Sie zu Ruhe und einem tiefen Gefühl inneren Friedens finden.

6. Die einzige gefährliche Konkurrenz, die es im Leben gibt, findet in Ihrem Geist statt, und zwar zwischen der Idee des Erfolges und dem Gedanken an Versagen. Die Gesetze des Denkens und Glaubens sind ebenso zwingend wie die der Physik. Konzentrieren Sie Ihr ganzes Denken und Glauben auf die Vorstellung von Erfolg, dann werden Sie Erfolg haben.

7. Das Magengeschwür eines Mannes verschwand, nachdem er erkannt hatte, daß Neid auf einen ehemaligen Schulkameraden die Ursache des Leidens war. Er wünschte dem anderen nun alle Wohltaten des Lebens, und da er ihn segnete, wurde auch er selbst gesegnet. *Wirst du dich bekehren zu dem Allmächtigen, so wirst du aufgebaut werden* (Hiob 22, 23).

8. Ein Medizinstudent litt unter Prüfungsangst, die buchstäblich seinen Verstand blockierte. Der Student suggerierte sich vor dem Einschlafen: »Ich bin entspannt und ruhig. Ich bin von tiefem Frieden erfüllt. Ich habe ein vollkommenes Gedächtnis für alles, was ich wissen muß, und ich bestehe meine Prüfungen in göttlicher Fügung.« Mit Hilfe dieser Suggestionen überwand er seine Prüfungsangst.

9. Machen Sie sich Augenblicke stiller Einkehr zur Gewohnheit Wenn Sie in innerer Sammlung das angegebene Gebet sprechen, wird es auch in Ihren »Vorhöfen grünen«.

KAPITEL 17

Wie Sie heute Ihr Leben in Fülle beginnen können

Ich begegne immer wieder Menschen, die auf – wie sie sagen – »bessere Zeiten« warten. Manche meinen schon, daß sie »irgendwann später einmal« glücklich, erfolgreich und wohlhabend sein werden. Manche wollen zuerst ihre Kinder erwachsen und verheiratet sehen und dann an ihr Wohlergehen denken. Ich habe sogar auch schon junge Menschen getroffen, die abwarten wollen, bis die Eltern sterben, »um dann weiterzusehen«.

Jetzt ist der richtige Zeitpunkt

Die meisten Menschen warten darauf, daß irgendwann irgend etwas geschieht. Diese Haltung ist falsch. Wenn auch Sie diese Fehleinstellung haben, sollten Sie sich bewußtmachen, daß Gott nicht nur das zeitlos Unendliche, sondern auch das ewige *Jetzt* ist. Das Gute steht Ihnen *jetzt,* in diesem Augenblick, zur Verfügung.

Stärke und Kraft können Sie *jetzt* haben. Rufen Sie die unendliche Heilkraft Gottes an, und Sie werden gesund, ja Ihr ganzes Wesen wird sich erneuern. Liebe ist *jetzt* vorhanden. Bekräftigen Sie, daß Gottes Liebe Sie erfüllt, und göttliche Liebe wird in Ihrem Leben zum Ausdruck kommen. Führung ist *jetzt* erhältlich. Vergegenwärtigen Sie sich Ihren Herzenswunsch und sagen Sie sich: »Gott führt mich«, und das Gute wird Ihnen zuteil werden.

Ein Mann sagte mir, er werde eines schönen Tages reich sein und dann eine Weltreise machen. Seine Frau sagte, sie hoffe, eines Tages von ihrem Hautausschlag geheilt zu werden. Ich erläuterte der Frau, daß die ihr innewohnende unendliche

Heilkraft Gottes sie *jetzt* heilen könne, und dem Mann, daß er aufgrund der ihm innewohnenden unendlichen Weisheit Gottes die Mittel für seine Traumreise *jetzt* sofort haben könne. Ich empfahl dem Ehepaar, um die Erfüllung ihrer beider Wünsche in der Weise zu beten, wie Sie – liebe Leserin, lieber Leser – das aus dem Inhalt dieses Buches bereits kennen.

Im Laufe einer Woche lieferte die Frau sich selbst den Beweis, daß die unendliche Heilgegenwart ihr zur Verfügung stand, denn ihr Ausschlag heilte vollkommen ab; und zu Ende des Monats erhielt der Mann völlig unerwartet von seinem Arbeitgeber eine Erfolgsprämie, und das Ehepaar brach zwei Monate später auf die erträumte Weltreise auf.

... *Gott, der uns dargibt reichlich, allerlei zu genießen* (1. Timotheus 6, 17). *Ich bin gekommen, daß sie das Leben und volle Genüge haben sollen* (Johannes 10, 11).

Erstreben Sie bewußt Wohlergehen

Im Laufe meines langen Lebens und als Ergebnis zahlloser intimer Gespräche, die ich mit ratsuchenden Menschen geführt habe, mußte ich immer wieder die bedauerliche Erfahrung machen, daß viele Menschen das Wesen Gottes falsch sehen. Sie sehen Gott als richtende und strafende Vaterfigur. Wie sollen sie sich an diese Autoritätsperson vertrauensvoll und in Liebe wenden? Und wer will von einem strafenden Richter Liebe erwarten?

Eine Folge dieser irrigen Gottesvorstellung ist dann die Tatsache, daß selbst Menschen, die sich zu Recht als gläubig bezeichnen und möglicherweise ein frommes Leben führen, nicht richtig zu beten verstehen.

Zum Beispiel finden es manche durchaus richtig, sich in Gebeten um die eigene Gesundheit oder um die Gesundung eines erkrankten Angehörigen an Gott zu wenden, doch sie halten es für ein Unrecht, ja für ein Sakrileg, um Reichtum und Erfolg zu beten. Eine solche Einstellung beruht auf Unwissenheit und bedauerlichem mangelndem Gottvertrauen. Nichts kann weiter von der Wahrheit entfernt sein. Diese

Menschen verkennen Gottes Allmacht und Überfülle und die ewig gültigen Gesetze des Denkens und Glaubens.

Es gibt, wie ich immer wieder erklären muß, nur eine einzige Macht, Ursache und Wesen aller Dinge, und dies ist Gott, der allumfassende, unendliche Geist kosmischer Dimension. Gäbe es zwei beherrschende Mächte, würde eine die andere auslöschen, und wir hätten ein Chaos, wo wir den grandiosen Kosmos bewundern. Wissenschaftlich – nach mathematischer Logik – und geistig gesehen, kann es nur eine einzige Macht geben. Es kann keine zwei Unendlichen geben. Das Unendliche läßt sich nicht teilen oder multiplizieren.

Wer also zögert, Lebenserfolg und alle guten Dinge des Lebens zu beanspruchen, beraubt sich dieser für jedermann erreichbaren Wohltaten. Wir sind hier, um ein erfülltes Leben zu führen. Und zweifellos kann jeder Mensch Wohlergehen, oder was immer sein Herzenswunsch ist, bewußt erstreben, indem er betet und so seinen Glauben an das Gute ausdrückt.

Wenn du könntest glauben! Alle Dinge sind möglich dem, der da glaubt (Markus 9, 23). ... *Alles, was ihr bittet in eurem Gebet, glaubet nur, daß ihr's empfangen werdet, so wird's euch werden* (Markus 11, 24).

Die segensreiche Vergegenwärtigung des Guten

Die Vergegenwärtigung der Attribute Gottes als des Inbegriffs des Geistes, der Liebe und der Kraft im Gebet oder, wenn Sie wollen, in der Meditation zieht unfehlbar Folgen nach sich. Denn die universellen Gesetze des Denkens und Glaubens sind unbeugsam, unveränderlich: Sie erzeugen, was Sie denken und glauben; Sie ziehen an, was Sie fühlen; Sie werden genau so, wie Sie sich vorstellen.

Was Sie tagtäglich in Ihrem »innersten Herzen« denken, wird unweigerlich Ihrem Unterbewußtsein eingeprägt, und dieses wird alles daransetzen, früher oder später zum Ausdruck zu bringen, was ihm eingeprägt wurde.

Wenn Sie Gutes denken, wird Gutes die Folge sein. Wenn Sie Schlechtes denken, wird Schlechtes die Folge sein. Da sich aber

Ihrem Unterbewußtsein alle wie immer gearteten Erfahrungen, die Sie machen, einprägen, müssen Sie dafür sorgen, daß ihm durch bewußtes positives Denken im Einklang mit den kosmischen Prinzipien der Glaube an Gott und das Gute eingepflanzt wird. Dann bringen Sie in naturgesetzlicher Zwangsläufigkeit das Gute in Ihr Leben.

In der Bibel heißt es: *Er ruft mich an, so will ich ihn erhören ...* (Psalm 91, 15). Und es heißt ferner: *Der Herr wird dir seinen guten Schatz auftun, den Himmel, daß er deinem Land Regen gebe zu seiner Zeit und daß er segne alle Werke deiner Hände ...* (5. Mose 28, 12).

So können Sie sich jederzeit ermutigen

Versetzen Sie sich, sooft Sie können, in den Zustand körperlicher Ruhe und seelisch-geistiger Heiterkeit und gedenken Sie dann jener großen ewig gültigen Wahrheiten, die im Herzen aller Menschen lebendig sind. Sprechen Sie aus tiefer Überzeugung das nachstehende Gebet. Es sollte Ihnen zur bleibenden Gewohnheit und zur Freude werden. Wenn Ihnen dies gelingt, werden Sie sich verjüngt und neu gestärkt fühlen, und Sie werden von frischem Lebensmut, neuer Lebenskraft und einer nie gekannten Fülle geistiger Energie durchdrungen sein.

Wer unter dem Schirm des Höchsten sitzt und unter dem Schatten des Allmächtigen bleibt, der spricht zu dem Herrn: Meine Zuversicht, meine Burg, mein Gott, auf den ich hoffe (Psalm 91, 1–2).

»... Ich sitze unter dem Schirm des Höchsten. Ich bleibe unter seinem Schutz. Der geheime Ort des Schutzes liegt in der Tiefe meines eigenen Geistes, meiner Seele.

Alle meine Gedanken gehen von meinem guten Willen aus und sind auf geistige Harmonie und inneren Frieden abgestimmt. Mein Geist, meine Seele sind ein Hort des Glücks, der Freude und Zuversicht. Dort finde ich immer Zuflucht, dort bin ich sicher und geborgen. Was ich auch immer denke, es soll zu meiner Freude, meinem Frieden und Wohlergehen beitragen. Mein Tun und Leben, mein ganzes Sein finden ihren Sinn im Geiste menschlicher Güte und brüderlicher Verbundenheit mit allen Menschen.

Alle Menschen, an die ich denke, sind Kinder Gottes. Ich lebe mit den Meinen und der ganzen Menschheit in Frieden. Was ich mir selbst an Gutem wünsche, soll auch meinen Mitmenschen beschieden sein. Ich lebe unter dem Schutz und dem Schirm Gottes, jetzt und für immer, und da herrscht Frieden, da waltet das Glück.«

So vollziehen Sie die innere Wandlung

Ärger und Kummer, Eifersucht, Neid und Feindseligkeit sind Gift. Sie vergiften Sie geistig und seelisch. Wenn Sie sich derart destruktiven Gefühlen überlassen, geraten Sie unfehlbar in den Sog depressiven Trübsinns. Materielle Not sowie körperliche Krankheit werden die Folge Ihres in jeder Hinsicht vergifteten Geistes- und Gefühlslebens sein. Einer solchen Entwicklung müssen Sie in Ihrem Alltagsleben vorbeugen. Lassen Sie niemals zu, daß sich Ihr tagtägliches Leben in destruktiven Gefühlsreaktionen verkettet.

Eine vollständige innere Wandlung ist aber nur möglich, wenn Sie jegliche destruktive Anwandlung von sich abweisen. Dabei hilft Ihnen Ihr Glaube an Gottes Liebe und Ihr Gebet um ein Leben in Liebe. Das Gebet vermag aus Ihnen einen neuen, besseren Menschen zu machen – in geistiger, moralischer und körperlicher Hinsicht.

Beten ist ein wunderwirkendes Allheilmittel für jeden Kummer, für jede Not, für jedes Problem. Vergegenwärtigen Sie sich darum Folgendes:

Gott ist... eine Hilfe in den großen Nöten, die uns getroffen haben (Psalm 46, 2). *Der Herr ist mein Licht und mein Heil; vor wem sollte ich mich fürchten! Der Herr ist meines Lebens Kraft; vor wem sollte mir grauen!* (Psalm 27, 1).

»Ich bin immer ausgeglichen, ruhig und heiter. Gottes Frieden durchströmt meinen Geist und meine Seele, mein ganzes Wesen. Ich bin guten Willens und wünsche aufrichtig allen Menschen den Frieden.

Ich weiß, daß die Liebe zum Guten meine Seele erfüllt und alle Furcht zerstreut. Ich lebe jetzt in der freudigen Erwartung des Guten. Ich bin frei von Zweifeln oder Sorgen, frei von Eifersucht oder Neid. Da diese Worte mir aus der Seele kommen, löschen sie jeden negativen Gedanken und jedes negative Gefühl in mir aus. Ich hege in meinem Herzen keinen Groll, gegen niemanden. Ich öffne mein Herz Gott, der allgegenwärtig ist. Mein ganzes Sein ist von innen heraus erleuchtet.

Die Verdrießlichkeiten des Lebens berühren mich fortan nicht mehr. Treten Zweifel, Angst und Sorge an mich heran, so verwehrt ihnen mein Glaube den Zutritt – mein tiefer, unbeirrbarer Glaube an das Wahre, Gute und Schöne, mein Glaube an Gott.«

Ihr tägliches Gebet

Zum Abschluß dieses Buches möchte ich Ihnen auf Ihrem Weg zu innerem und äußerem Reichtum den Text eines Gebetes mitgeben, den ich schon in meinem Werk *Die Gesetze des Denkens und Glaubens* empfohlen habe. Es kann in Ihrem Leben »Wunder« wirken.

Wer festen Herzens ist, dem bewahrst du Frieden; denn er verläßt sich auf dich. Darum verlaßt euch auf den Herrn immerdar; denn Gott der Herr ist ein Fels ewiglich (Jesaja 26, 3–4).

»Ich weiß: Meine Herzenswünsche sind mir von Gott, der in mir wohnt, eingegeben. Gott will, daß ich glücklich bin. Gottes Wille ist Leben, Liebe, Wahrheit und Schönheit. Dieses Gute nehme ich jetzt an.

Was immer gestern noch Verneinung oder Versagung war, heute wird sich mein Gebet als Bestätigung der Wahrheit frohlockend darüber erheben – ich weiß es.

Heute ist ein Tag Gottes, ein herrlicher Tag für mich. In mir sind Friede, Freude, Harmonie. Ich glaube an Gottes Güte, an Gottes Führung, an Gottes Liebe. Ich bin überzeugt, daß sich diese meine Gedanken in Geist und Seele einprägen. Ich ziehe alles Gute, das mein Herz sich wünscht, unwiderstehlich an und erfahre es in meinem Leben. Ich setze jetzt all mein gläubiges

Vertrauen, meine ganze Zuversicht in die Macht und die Weisheit Gottes, der in mir ist. In mir ist Friede.

Gott ist in mir. Und ich höre in mir die Einladung: ›*Kommet her zu mir alle, die ihr mühselig und beladen seid; ich will euch erquicken*‹ (Matthäus 11, 28).

Ich erquicke mich, ich ruhe in Gott. Alles ist gut. Gott, ich danke dir.«

Zusammenfassung

1. Sie sind hier auf Erden, um ein erfülltes Leben zu führen, ein Leben der Fülle voll Liebe und Freude. Das Gute steht Ihnen *jetzt* zur Verfügung. Beginnen Sie *jetzt* damit, die Reichtümer Ihrer inneren Schatzkammer des Geistes freizusetzen.

2. Gott ist nicht nur das zeitlos Unendliche, sondern auch das ewige Jetzt. Das Jetzt ist Teil seiner unendlichen Allgegenwart.

3 Wenn Sie krank sind, denken Sie daran, daß Ihnen Gottes unendliche Heilkraft, an der Sie kraft Ihres Geistes teilhaben, *jetzt* zur Verfügung steht. *Um solcher Ursache willen erinnere ich dich, daß du erweckest die Gabe Gottes, die in dir ist...* (2. Timotheus 1, 6).

4. Verschieben Sie nichts in die Zukunft. Vergegenwärtigen Sie sich *jetzt* Gesundheit, Erfolg und Wohlergehen. Bekräftigen Sie, daß Ihnen Gottes Führung, Liebe und Fülle *jetzt* zuteil werden. So erstreben Sie bewußt Wohlergehen.

5. Vertrauen Sie uneingeschränkt Gott als des Inbegriffs des unendlichen Geistes und der Gotteskraft in Ihnen. Sie können in Ihren Gebeten um alles bitten, was Sie sich wünschen. *Und alles, was ihr bittet im Gebet, so ihr glaubet, werdet ihr's empfangen* (Matthäus 21, 22).

6. Die universellen Gesetze des Denkens und Glaubens sind unbeugsam. Sie erzeugen, was Sie denken und glauben; Sie ziehen an, was Sie fühlen; Sie werden genau so, wie Sie sich vorstellen.

7. Wenn Sie Gutes denken, wird Gutes die Folge sein. Wenn Sie Schlechtes denken, wird Schlechtes die Folge sein. Vergegenwärtigen Sie sich darum die Attribute Gottes als des Inbegriffs der Liebe und Harmonie, der Kraft und Fülle. So pflanzen Sie Ihrem Unterbewußtsein das Gute ein.

8. Begeben Sie sich »unter den Schirm des Höchsten« und machen Sie Gott zu Ihrer Zuversicht, Ihrer »Burg«. Machen Sie die unter dem Motto des 91. Psalms angegebene Meditationsübung im Zustand körperlicher Entspannung und seelisch-geistiger Ruhe. Dieses Gebet innerer Ermutigung stärkt Sie jederzeit.

9. Ärger und Kummer, Eifersucht, Neid und Haß sind Gifte. Weisen Sie jede Anwandlung destruktiver Gedanken und Gefühle ab. Sie können die vollständige innere Wandlung vollziehen, wenn Sie in Gott »eine Hilfe in den großen Nöten« und Ihres »Lebens Kraft« sehen. Das angegebene Gebet wird Ihnen dabei helfen.

10. Auch wenn Sie glauben, wenig Zeit zum Beten zu haben, sollten Sie das angegebene Preislied Gottes, des Lebens und des Göttlichen im Menschen zu Ihrem täglichen Gebet machen. So wird auf Ihrem Weg zu innerem und äußerem Reichtum jeder Morgen zum verheißungsvollen Anbruch eines neuen, herrlichen Tages.